第一章　おいしくなりますように

001

月曜日の朝、普段よりも念入りにテーブルを拭きましょう。ぴかぴかに磨かれたテーブルで新しい一週間を迎えましょう。

002

鏡で舌をよく見てみます。汚れていたらていねいに掃除しましょう。それだけで不思議と気分がよくなるものです。

003

部屋のどこかに好きなものを飾る小さなスペースを作りましょう。模様替えをすると気分転換になってよいものです。

004

一週間に一度、食品の買い物日を決めましょう。そのために買い物リストを作ります。買い物に使う金額も決めておくと安心です。

005

気分転換に、お気に入りの本を一冊持って喫茶店に出かけましょう。ゆったりとした時間のなかでする読書は格別です。

006

飲み物を入れたグラスにはコースターを使いましょう。見た目もよくて、飲み心地も変わります。

007

自分の指先を見てみましょう。ささくれ立っていませんか。荒れているようでしたら、クリームを塗ってマッサージしてあげましょう。

008

歌をひとつ覚えて唄ってみましょう。聴いているのとは違った喜びが得られることでしょう。

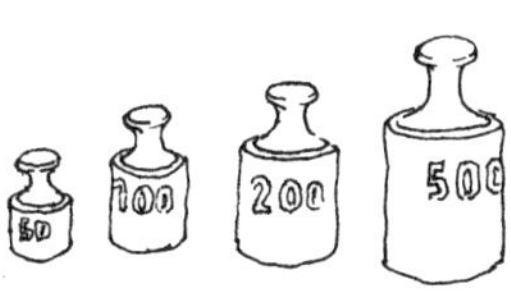

009

立っているときは姿勢がよくても、座る姿勢までよい人は多くはありません。座っているときこそ、背筋をまっすぐに伸ばして姿勢を正しましょう。

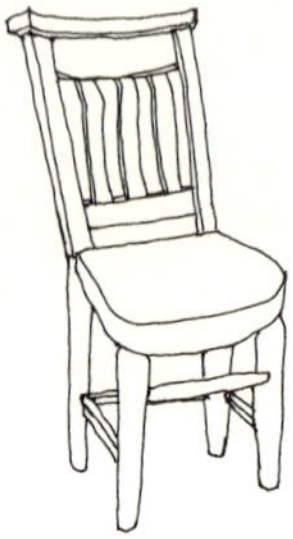

立ち姿は立派なのに、座る姿がだらしなかったり、えばっていたり、礼儀に欠けていてはいけません。テーブルに肘をついたり、椅子の背によりかかって、足を組んでリラックスするのは、一人の休息時にはよいのですが、人と一緒のときに見せる姿勢ではありません。仕事の場や食事のときにはなおさらです。座ったときこそ、日々の自分の心持ちや暮らし方が見えてしまうものです。

背筋を伸ばし、浅く腰かけ、きちんとした座り方をする人はとても印象がよく、好意を抱かれます。歳をとったり、立場が上であればこそ、気をつけたいことです。座敷においても、正座ができればよいのですが、足を崩したとしても背筋は必ず伸ばしておきましょう。

010

落ち葉を拾って本やノートに挟みましょう。拾った場所と日付をペンで小さく書いておくと、小さな思い出として残るでしょう。

011

甘いお菓子やケーキを買いに出かけましょう。今日は自分のためのごほうびです。夕食の後にデザートで楽しみます。

012

木のスプーンの手入れをしましょう。オリーブオイルを薄く塗って乾かします。木の味わいがよみがえってきれいになります。

013

朝日と夕日を眺めましょう。ちからを与えてくれたり、嫌なことを癒してくれるのは、いつも大自然です。

014

おしゃべりに何かひとつ、気の利いた冗談をはさんでみましょう。なかなかむつかしいことですが、あなたの魅力に輝きが増します。

おしゃべりは楽しいものです。そのおしゃべりに気兼ねない冗談をはさむと、さらに相手との距離が縮まり、おしゃべりが弾むものです。おしゃべりに気取りは禁物です。

ユーモアは暮らしのスパイスです。その場を和ませたり、リラックスさせたり、人の心を開くことに役立ちます。冗談なんてはしたないとか、くだらないと思わないように。

人間関係を常にやわらかいものにしておくことは意外とむつかしいものです。堅苦しいものであるほうが簡単です。だらしなくするのでなく、心と心が触れ合う思いやりのある関係は、笑顔のたえないつながりです。今日は冗談をひとつでも言ってみましょう。かっこつけずに。

015

家族や親しい友人の好きな食べ物をノートに書いておきましょう。覚えていないときはもう一度聞いてみましょう。何かをお祝いするときに役立ちますよ。

016

常にまわりの人に思いをめぐらせましょう。自分に関係ないことはひとつもありません。

017

歴史の本を読みましょう。歴史を学ぶことは、私たちが二度と繰り返してはいけない過ちを知ることです。

018

眠る前にベッドのなかでにこにこ笑ってみましょう。楽しいことやおかしいことを思い浮かべます。寝つきも寝起きもよくなります。

019

お風呂の温度をぬるめにして、いつもより長くつかるようにしましょう。からだが温まり、疲れも癒されるでしょう。

020

季節に合わせてテーブルクロスを取り替えましょう。色や柄を変えるだけで、部屋の感じががらりと変わって楽しくなります。

021

天気のよい日に、家中の戸棚を開けて風を通しましょう。戸棚のなかの収納物の点検をします。どんなものを多くしまっているかよくわかります。

022

しあわせとはバランスのなかにあります。様々なことのバランスをとることがしあわせにつながります。ちょっと立ち止まって偏りに注意しましょう。

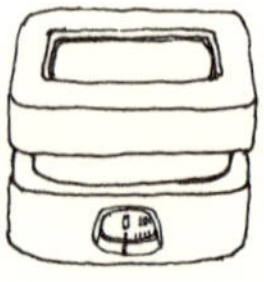

023

どんなに忙しくても料理で出汁をひくことを省いてはいけません。出汁をひくこと、すなわち料理への姿勢です。

024

すてきな花瓶を新調してみませんか。花を飾る楽しみがきっと増えることでしょう。花瓶ひとつで、いつもの部屋の雰囲気が新しくなります。

025

タバコを吸った後、人と会ったり話をするときは気を使いましょう。タバコを吸わない人にとって、そのにおいは不快なものです。

026

にんじんや大根の切れ端を台所に置いておいて、シンクの汚れがあったらこすってみましょう。ぴかぴかにきれいになります。

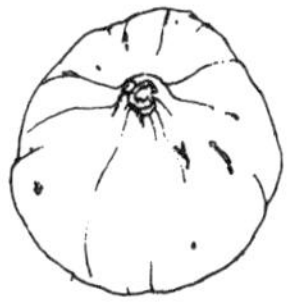

027

食事中にお茶や水をがぶがぶ飲むのはやめましょう。食事作法の基本です。ゆっくり食べれば水分はいりません。

バランスを考えて、きちんと揃えられた食事は、お汁やスープが添えられて、ひとつひとつの料理がおいしく、食べやすく考えられているものです。ですから、お茶や水でのどを流さなくても困ることはありません。どんな食事でも、ゆっくりとよく噛んで、感謝していただきましょう。お茶や水は食前か食後にいただきます。

食事のひとときを大切にすること。それは忙しい仕事や暮らしにおいて、心とからだを休めることでもあるのです。ついつい、何かをしながら食事をしてしまうこともありますが、それでは休まるものも休まりません。

ああ、いけないと気をつけて、食事のひとときを迎えましょう。

028

忘れてしまいそうな小さな約束こそ守りましょう。小さな約束ほど叶えられるとうれしいものです。

大きな約束は守りますが、小さな約束を果たすのはむつかしいものです。うっかり忘れてしまったり、それが果たされなくても、困ることはなかったりするからです。

しかし、人間関係のなかで、小さな約束を果たしてもらったことほどうれしいことはありません。あのときの話を覚えていてくれたと思うと感動するものです。それは、これからの自分と相手との強い信頼関係につながります。ですから、小さな約束ほど忘れないようにしましょう。そして、心をこめて小さな約束を果たすことで、両者の間に強い信頼が生まれるのです。今度これをお貸ししますね。今度行きましょうね。約束が社交辞令にならないように。

029

眠れないときや疲れたときは、体温に近いあたたかさのものを飲みましょう。静かにゆっくりと時間をかけて味わいましょう。

030

ゆっくりゆっくりでよいのです。急がずに一歩一歩、歩みましょう。急いでよいことはありません。

031

季節の和菓子を買いましょう。家族や友だちを集めて、おやつの時間においしいお茶をいれていただきます。

032

お店に入ったときは、店の方に明るく挨拶をしましょう。探しているものを伝えれば、親切に対応してくれるでしょう。

033

料理本に載っている料理を作ってみましょう。材料や手順をアレンジせず、忠実に作ってみます。二度目からは自分流もよいでしょう。

034

人生を楽しむには、むつかしいことにチャレンジして、苦しい思いをしながらも、一方で前向きに行動することです。

035

湯沸かしポットのなかを見てみましょう。汚れていたら専用の洗剤できれいにします。注ぎ口に湯あかもたまっていますので落としましょう。

036

ぬか床を持ちましょう。野菜の切れ端は無駄にしないで漬けておきます。食べごろが楽しみにもなります。

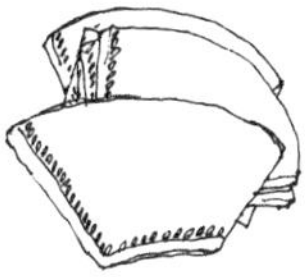

037

自分の笑顔がどんなものなのか、忘れていませんか。鏡に向かって思い切り笑ってみましょう。

笑顔はたいていの問題を解決してくれる心強い味方です。ですから、決して笑顔を忘れてはいけません。忙しくて、つらい毎日は誰にだってあります。思うままにいかないことや、何かの犠牲にならなくてはいけないこともあります。笑顔なんて忘れてしまう一日だってあるかもしれません。

しかし、そんなときほど笑顔で過ごしましょう。笑顔のちからを借りて、苦しさやつらさを乗り越えるのです。

朝、出かける前に鏡の前で思い切り笑ってみる。そして、今日一日、どんな人に対しても、笑顔で接することを心がけてみましょう。きっと笑顔のちからがわかるはずです。

笑顔くらい美しいものはないのです。

038

手に傷があるときはオリーブオイルで手を洗ってみます。少しべたつきますが、拭きとればよいのです。

039

缶ビールを買うのはやめて、再利用できる瓶ビールを選びましょう。空き缶のゴミは極力なくします。

040

もてなしを受けたときは、お礼の手紙を必ず送りましょう。親しい方なら電話でも構いません。一言でも喜ばれるでしょう。

041

同じ食器を使いがちですから、いつもの食器は休ませて、しまいこんでいる食器を使ってみましょう。新しいテーブルセッティングの発見になります。

042

一週間の昼ご飯と夕ご飯を記録してみましょう。偏りがないかチェックします。好きなものばかりを食べていたら調整をしましょう。

043

長年使っているカーペットは、五年くらいを目安に取り替えましょう。カーペットは消耗品です。毛がつぶれたり、シミができたり、すりきれてはいませんか。

044

お辞儀をするときは、きちんとからだを曲げましょう。曲げたら少し止まってから頭を上げます。ゆっくり行うことが大切です。

045

環境問題を改善するために、まずしなければならないことは、身の回りという環境の整理整頓です。かばんのなか、机まわり、部屋を見てみましょう。

046

食器棚などのガラス戸のすべりが悪くありませんか。桟に潤滑油を少し塗ってみましょう。見違えるくらいにすべりがよくなります。

047

わが家のラッキーカラーを一色決めましょう。何かを揃えるときに、色に悩むことがなくなりますし、家のなかに統一感も生まれます。

048

夕食後に軽い運動をしてみましょう。夜の散歩もよいでしょう。寝る前に体温を上げるとよく眠れます。

049

デスクランプといった小さな照明を床に置いて、間接照明にしてみましょう。部屋の雰囲気がやさしくなります。

050

コミュニケーションの目的は、相手に愛情を伝えることです。決して忘れてはいけません。

人間関係で悩んでいる人が多いこの頃です。どうしてでしょうか。コミュニケーションの目的をもう一度考えてみましょう。

コミュニケーションとは、相手に何かを求めることではありません。常に何かをキャッチボールすることです。その何かとは愛情です。相手に対する愛情を伝えることがコミュニケーションの目的と知りましょう。キャッチボールであれば、相手の取りやすいように、心をこめた投げ方で、相手が幸せを感じるようなボールを投げること。受け取ったときにうれしいと思えること。そうすれば、相手も自分にそんなボールを返してくれます。コミュニケーションにおけるトラブルの原因は、どちらかの愛情不足なのです。

051

買い物に出かけて、買うか買わないか迷ったときは、それは今すぐ必要ないものだと思ってやめましょう。あせってはいけません。

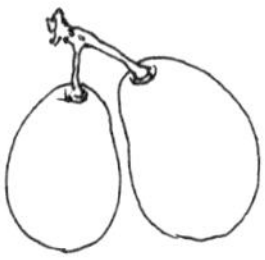

目的のある買い物に出かけて、あれこれと見比べていると、悩んでしまうことがしばしばあります。そんなときに注意しなければいけないのは、「もうこれでいいや」と思ってしまうことです。迷ったときというのは、妥協するかしないかと悩むものです。本当に気に入って必要なものであれば、そんな風に悩むことはありません。

家のなかを見渡してみましょう。「これでいいや」と買ったものがなんと多いことでしょう。安いとか高いとかではなく、これからはほんとうに必要で、気に入ったものだけを買うようにしましょう。迷ったときは一度あきらめます。そして何日か経っても、気になるなら、買いに行きましょう。衝動買いはもうしません。

052

その一言、その思い、その行い、その態度など、どんなことにも、その先には、必ず人がいることを決して忘れてはいけません。

とても大切なことですが、仕事や暮らし、どんなものごとにも、その先には必ず人がいることを忘れてはいけません。その人は自分と同じ、生身の人間であることも知りましょう。自分がされて嫌なことは、同じように嫌なのです。たとえば、誰も歩いていない道でゴミを捨てたとします。そこには誰もいなくても、必ず誰かがいつか掃除したり、拾ったりするのです。それを仕事にしている人もいるのです。

誰とも関係ないことは、この社会にはないのです。自分さえよければよい、という考えはやめましょう。どんなに小さな行いや考えにおいても、その先には必ず人がいます。その人が自分の愛する家族の誰かならどうするかを考えましょう。

053

健康のためといってサプリメントを摂るよりも、水をたくさん飲みましょう。健康の基本です。

054

弁当包みに竹の皮を使ってみましょう。竹の皮は殺菌力がありますので、持ち歩きにも安心です。

055

鍋つかみが古くなったり、汚れていたりしませんか。着なくなった洋服や、余り布で作ってみましょう。いくつか余分に作っておくといいでしょう。

056

家具の配置を変えてみましょう。一緒に掃除もします。置き方のパターンを決めておいて、定期的に変えるとよいでしょう。

057

花粉症にはミントをおすすめします。ミントのガムやミントティーを試してみましょう。入浴剤もミントを選んでみましょう。

058

人の家にディナーに呼ばれたときは、約束の時間よりも少し遅れていくのがマナーです。お花や飲み物などのおみやげを忘れずに持っていきましょう。

059

焼き網を使って食パンをガスコンロで焼いてみましょう。まんべんなく火が伝わり、おいしく焼けます。

060

小さな本棚を台所に置きましょう。料理本を置いておくと、必要なときにすぐに見られて便利です。一緒にレシピをメモしたノートも揃えておきます。

061

花瓶のなかを洗いましょう。水あかやゴミなどで汚れているものです。きれいになったらお気に入りの花を活けましょう。

062

自然塩で歯磨きをしましょう。おもに歯ぐきをマッサージしましょう。ゆるんだ歯ぐきが引き締まります。

063

和食を口に運ぶとき、つい手を受け皿のようにそえていませんか。それはマナーに反しますので気をつけましょう。

064

冷たい飲み物をたくさん飲むのを控えましょう。おなかに負担をかけてしまいます。のどが渇いたときはあたたかいものを選びます。

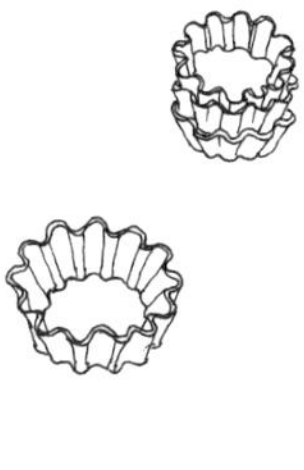

065

仕事や暮らしにおいて、自分にできる限度をちょっとだけ超えたことを、毎日ひとつ行うように心がけましょう。必ずよい結果をもたらしてくれます。

仕事や暮らしにおいて、成長を続けることはとても大切なことです。とはいえ、仕事や暮らしは単調なものです。毎日毎日、同じことの繰り返しがほとんどです。そんな日々でも、小さなチャレンジを行うことが自分の成長に役立ちます。新しいことを行うというよりも、いつもよりちょっとだけ限度を超えるところに目標を置いてみます。すると、いつもの方法や心持ちではむつかしいとわかります。困ることで人ははじめてどうしようかと工夫をします。この工夫こそが、自分らしさであり、新しい自分の発見です。そして必ず結果を見せてくれるのです。

一日にひとつでも自分を困らせてみる。失敗でもいい、その答えを積み重ねていく毎日です。

066

大切なのは何よりも友だちを作るちからです。それは人のよいところを見つけるちからです。

仕事や暮らしにおいて、もっとも大切なことはなんでしょうか。それは友だちを作るちからです。この社会は、人と人との深いつながりによって、ものごとが成り立っているからです。

では、友だちを作るちからとは何でしょうか。それは、人のよいところ、すてきなところを見つけるちからです。毎日毎日、出会った人、知り合った人、関わった人のよいところ、すてきなところを見つけて、感謝の気持ちと共に、きちんとあらわしていきましょう。お互いがそのあらわしを分かち合うことが、友だちになるということです。

いつでもどこでも誰にでも、よいところ、すてきなところを見つける、その心が美しい暮らしを作るのです。

067

たとえば部屋の隅など、普段座ったことのない場所に座ってみましょう。部屋を見渡してみると、いつもは見えなかったものが見えてきます。

いつも見えているものだけで、ものごとを判断していると、どうしても行き詰まってしまいます。ですから、当たり前のことの計り直しは、常々必要なのです。それには、当たり前をいつもと違った視点で見つめてみましょう。いつも見ている方向を少し変えてみるということ。そうすると、今まで気がつかなかったたくさんのことが見えてきて、新しい発見や発想が生まれるのです。

もっとよい方法はないだろうか。もっと別の考え方があるのではないか。さらに正しいことがあるのではなかろうかと、どんなものごとも疑問に思うことが大切です。それは言葉を変えれば、好奇心、関心という名の愛情です。視点を変えてみることは、ひとつの愛情行為といえましょう。

068

食卓に飾る花は、テーブルクロスや食器の色との調和を考えましょう。そして、香りの弱いものを選びましょう。

069

両手を広げて、ぐーんと背伸びしてみましょう。大きく息を吐いて吸って、からだを伸ばします。二、三回繰り返しましょう。

070

台所を自分流に整理しましょう。ときどき収納の位置を変えてみたり、ものの出し入れによい方法を見つけましょう。

071

ふきんの点検をしましょう。穴が空いたり傷んだものは、何枚か重ねて縫ってぞうきんにします。

072

レストランなどで年上の方とテーブルにつくとき、先に座ってはいけません。必ず相手が座るのを待ちましょう。

改まった会食だけでなく、普段の食事の席でも、失礼なことや、だらしないことはしてはいけません。たとえば、自宅だからよいとか、友だちだからよいとか、家族だからよいとして、大切な礼儀やマナーを忘れてはいけません。礼儀やマナーは、必要なときがいつ来るかわかりませんので、普段から身につけておきましょう。席の座り方、食事の仕方、席の立ち方など、相手を敬う作法を学んでおきます。

食事の作法は、一朝一夕で身につくものではありません。気にしてみても、普段の所作は隠せないものです。そして、相手はそんな自分をしっかりと見ています。食事も、自分を知ってもらえる対話のひとつと知りましょう。

073

レストランでおいしい料理に感動したら、料理してくれた方に感謝の言葉をきちんと伝えましょう。きっと喜んでいただけます。

074

旅行には気に入ったカップをひとつ持っていきましょう。部屋でお茶を飲むときに自分のカップで飲むと、気持ちがやすらぎます。

075

お魚屋さんや、量り売りをしているお肉屋さんに行くときは、保存容器を持っていきましょう。包装を省けますし、密閉できるので安心です。

076

やかんの底が黒ずんでいたら、磨いてきれいにしましょう。いつもよりお湯が早く沸くようにもなります。

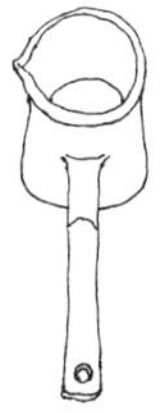

077

朝早く起きて、のみの市に出かけましょう。変わらない価値を持つ品々との出合いは、普段のショッピングでは味わえない楽しさに満ちています。

078

からだを冷やさないようにして新陳代謝を上げましょう。そのためにはお風呂にゆっくり入ることです。根菜類を食べることも、おすすめです。

079

夕食の前に歯磨きをしましょう。歯磨きは食後の習慣です。脳に食後のサインを送りますから食べ過ぎの予防になります。

080

お茶をいれるときは、急がず、あわてず、ゆっくりを心がけましょう。お客さまの前ではどうしても緊張してしまいますので、注意します。

第二章　すなおな気持ちと好奇心

081

家族や好きな人の似顔絵を描いてみましょう。自分の意外な観察力が発見できて、楽しいものです。

身近な人の顔ほど、知っているつもりで知らないものですから、似顔絵は上手に描けません。灯台下暗しとはこのことです。よく観察してみましょう。ああ、そうなんだ、と新しい発見ができるでしょう。こんな風に、身近なものごとをもう一度よく観察したり調べてみたりして、知っているつもりのものごとを確認しましょう。

人は誰でも遠くばかりよく見ますが、近くはおろそかにしがちです。遠くを見ると同時に、足元もよく見ることが大切です。

目の前のこと、近く、まわり、遠くのことなどをバランスよく観察しましょう。そして、家族や友人の似顔絵を描くことで、確かな観察力を養いましょう。

082

宿泊する旅行では、歩き用とは別に、上質な靴を一足持っていきましょう。レストランやかしこまった場所を訪れるときに重宝します。

旅行には、歩き用の靴と、室内履きの靴かスリッパ、そしてフォーマルな靴を持っていくと便利です。歩きやすい靴はカジュアルなものになりがちですので、その一足だけでは、行く場所によっては場違いで困ることもあります。

格式のあるレストランに食事に行くときには、スニーカーでは失礼にあたります。もちろん、靴だけでなく装いにも注意します。

スニーカー一足でどこにでも行くというのは、便利には違いありませんが、訪れる場所に合わせて装いや足元を揃えることも、旅の楽しみ方のひとつです。旅先でも盛装ができる方はすてきです。もちろん荷物は増えますが、旅を存分に味わうには必要なことなのです。

083

チャンスは誰にでも平等に訪れます。チャンスは見逃さないように、いつもアンテナを高く掲げておきましょう。

チャンスとは、「さあ、次はあなたの番ですよ」という、何かをチャレンジするために与えられる機会です。

しかし、ぼんやりしていたり、あちこちに気持ちを向けていたり、謙虚さや素直さに欠けていると、その声が聞こえなくなり見過ごしてしまいます。どんな人にもチャンスは訪れます。そしてチャンスは順繰りに与えられるものです。自分にチャンスが与えられないと嘆く人は、気がつかない自分に原因があります。ですから、謙虚で素直な気持ちというアンテナを常に立てておきましょう。チャンスを無駄にしてしまうことに慣れてはいけません。チャンスに応えることの積み重ねが、暮らしを支えているからです。

084

思い切って髪型を変えてみましょう。気持ちが新しくなって元気が出てきます。人に会うのも楽しみになります。

085

自分の暮らしている土地の歴史を学びましょう。地元の図書館に行けば資料はたくさんあります。知らないことが多いことに驚くでしょう。

086

朝、目が覚めたら、まずは太陽の光を浴びましょう。わずかにずれた体内時計のリセットを促してくれます。

087

休日に友人を集めて、全員で料理を作りましょう。買い出しから料理まで一日かけて楽しみます。最後は晩餐をにぎやかに過ごします。

088

買い物をしてお代を払ったら、ありがとうと言葉にしましょう。自分に必要なよいものを売ってくれたことに感謝をします。

089

落ち込んだときは、日の出の時間を調べましょう。早起きして見晴らしのよいところで日の出を見ましょう。元気が出ます。

090

欠点があるからこそ自分らしさなのです。欠点とは、昔からの友だちのように仲良く付き合います。

091

小さめのカッティングボードを食卓に置いておくと、ちょっとしたものを切ったりするのに便利です。お皿がわりにも使えます。

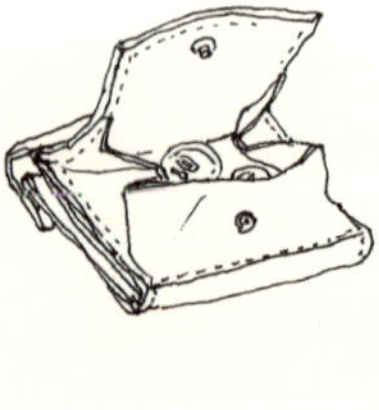

092

家族や友人と近くのホテルに泊まりに行きましょう。ゆったりとくつろぐ時間を過ごしましょう。ぜいたくも時にはよいものです。

093

仕事とは、何時間働くかではなく、何をどのくらいするのかが重要です。決められた時間のなかで、今日するべきことをどう配分するのか、常に考えましょう。

094

毎日誰かがあなたにプレゼントをしてくれています。気がつかず、そのプレゼントを断っていませんか。感謝して受け取りましょう。

095

公園の鉄棒にぶらさがって背骨を伸ばしましょう。背中や腰、肩の疲れがすっきりとれます。ぶらさがらなくても、家の鴨居を使って伸びをしましょう。

096

「あなたはどう思いますか?」と聞いてみましょう。答えに耳と心を傾けましょう。自分の知らないたくさんのことが学べるでしょう。

人から学ぶことを喜びとしましょう。わからないことは教えてもらう。それについてどう思うかを聞いてみて、その答えをしっかりと聞きましょう。自分の知っていることなど、ほんのわずかなものです。知らないことを教えてもらう姿勢で、常に耳を傾けます。そして、教えてもらったら、感謝の気持ちをきちんと伝えましょう。素直さと謙虚さを持っていれば、どんなに歳をとっても成長は止まりません。

年齢を問わず、素直な人は誰にでも好かれ、困ったときにはいつでも人が助けてくれるものです。いつも言い訳をしたり、一言二言、余計なことを言う人になってはいけません。えばったら人はおしまいと言われています。

097

おとうさんおかあさんが喜びそうなお菓子をおみやげに買って帰りましょう。親孝行とは、日々の小さな思いやりから生まれます。

親孝行は、特別な日に贈るプレゼントではなく、日々の暮らしのなかで自然と行う行為です。常に両親を敬い、家族を思い、何よりも優先して尽くしましょう。

両親を大切にすることとは、家族を大切にすることです。しあわせは家族と共にあり、どんな仕事も暮らしも、家族がいてくれるからこそ、あるのです。ですから、家族を犠牲にして仕事をしてはいけませんし、何があろうと家族との時間を守ることが、仕事のひとつでもあるのです。

自分が欲しいもの、食べたいものを見つけたら、両親のためにおみやげにしましょう。深い思いやりを持って、無理せず孝行しましょう。いつか自分も孝行されるときが来るのですから。

098

自分のなかにある、人と違ったヘンなところは何かを考えましょう。それは自分の人間らしさであり、魅力のひとつと知りましょう。

099

友人と連れ立って本屋さんに行きましょう。そしてお互い一冊ずつ選んでプレゼント交換をしましょう。人のために本を選ぶのはうきうきするものです。

100

入念に爪の手入れをしましょう。手全体もマッサージして、手美人を目指します。アクセサリーや指輪がいつもより映えるでしょう。

101

大きな声で笑ってみましょう。部屋のなかなら恥ずかしいことはありません。口を大きく開けることは気持ちのよいものです。

102

何人かの友だちを集めて、着なくなった洋服を持ち寄って交換会をしましょう。欲しかったものが見つかるかもしれません。

103

味気ないゴミ箱が多いので、お気に入りのかごにポリ袋を入れてゴミ箱にしてみてはいかがでしょう。

104

美術館に行くときは、観たいものやテーマを決めておくとよいでしょう。下調べをしてから行くと、何倍も楽しめます。

105

まっすぐにしっかりと歩きましょう。ちょこちょこと方向を変えたりしないように気をつけましょう。歩き方はその人の生き方をあらわすといいます。

106

いろいろなことに好奇心を持って、もし私だったら、と前向きな考え方をしてみましょう。その習慣は、チャンスのときにきっと役立つでしょう。

いつでも好奇心旺盛でいることが若さの秘訣です。無関心な気持ちは、老いの一番の原因でもあります。初々しい気持ちでものごとに触れることは、仕事や暮らしをみずみずしくしてくれます。まわりのことに対して、「もし私だったらどうだろう」と思ってみると、自分が学ぶべきいろいろなことがわかり、それから先のチャンスに生かすことができます。そして想像力を働かせること。人間関係において、相手の気持ちを考えることになり、思いやりの一手にもなり、様々なトラブル防止になります。

自分以外のことは関係ないと思わずに、常にまわりで何が起きているのかを知り、どうするのがよいのかを考えましょう。

107
感動は私たちを美しくしてくれます。どんな小さなことでもよいのです。感動できるものやことに触れる努力をしましょう。

108
はじめての旅先ではバスツアーを楽しみましょう。旅行会社や観光案内で予約ができます。街の広さがわかって安心もできるでしょう。

109
献立が決まらないときは、買い物に行って考えましょう。旬の新鮮な素材や、お得な値段を見ながら決めるとよいでしょう。

110
暮らしには計画性と自制心がなくてはなりません。暮らしを振り返って、その二つについて考えましょう。

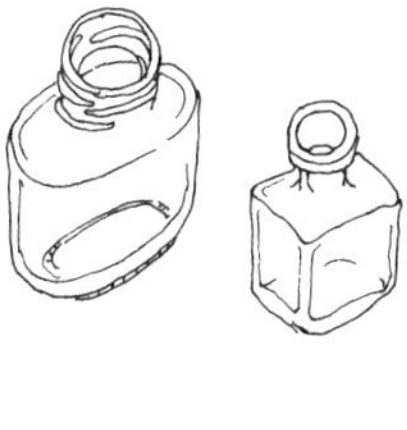

111

「ありがとう日記」をつけましょう。夜寝る前に今日のありがとうを書き留めます。きっとよく眠れるでしょう。

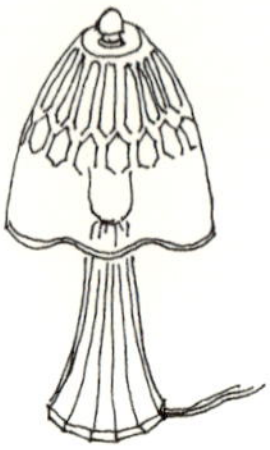

いつも眠れない人へ。

ベッドに入ってすること。目をつむって、今日一日の感謝の祈りをします。「今日一日ありがとうございました」。そして、「こんなことあんなこと、ごめんなさい」。気持ちがざわざわしている日こそ、大切な行いです。

ありがとう日記をつけるのもよいでしょう。今日のありがとうを、ぽつりぽつりとノートに書いていきます。うれしかったこと、気持ちよかったこと、助けられたこと、教えてもらったことなど、忘れたくないことを残します。

今日のことは今日のうちにありがとうを言います。明日になってしまうと、うっかりと忘れてしまいます。

112

今までの経験を捨ててみませんか。その経験がスランプの原因かもしれません。古いものを捨てなければ、新しいものを取り込む余地は生まれません。

長年の経験というものは、自分にとってのプライドであり、答えを導く確固たるものでもあるでしょう。しかし、その経験に固執することによって、新しい知識や方法、新しい発見を認めない自分になってしまい、頭がかちかちに固くなってしまう人が少なくありません。経験によって培われた自分を信じすぎて、他のすべてを否定してしまう人になってはいけません。

もし今、自分がスランプでしたら、自分が固執し続けている経験や、価値観を捨ててしまいましょう。何も知らない初々しい頃の自分に戻ってみることです。素直で謙虚な自分を取り戻します。

コップの水がいっぱいで、これ以上注げないのでしたら、少しでも古い水は捨てることです。

113

いつも誘っていない人を誘ってみて、昼ご飯を食べに行きましょう。気楽におしゃべりも楽しみます。新しい関係が生まれてうれしいものです。

114

自分の家や部屋を愛しましょう。きちんと掃除をして、いつも整理をしておきます。自分の場所を好きになれば、一人の時間も作れます。

115

好きな本を一冊選んで、ぬるめのお湯のお風呂につかって読みましょう。乾いたタオルで本を包めば濡れることもありません。

116

祖父母の写真の整理をしてあげましょう。写真を見ながら昔話を聞くのは楽しいものです。

117

今、旬のものやことはなんでしょう。勢いのあるものはなんでしょう。それらに触れることは日々の暮らしを新しくしてくれます。

118

スニーカーの紐を洗いましょう。ほつれていたら新しい紐と取り替えましょう。色の紐を選んで、雰囲気を変えてもよいものです。

119

あれこれと悩んだときは、思い切って外に出かけて歩きましょう。疲れるまで歩いてみると、いつの間にか悩みは軽くなっているものです。

120

旅先では市場を探してみましょう。その土地のおいしいものや暮らしの雰囲気が楽しめます。知りたいことも、地元の人に気軽に聞いてみましょう。

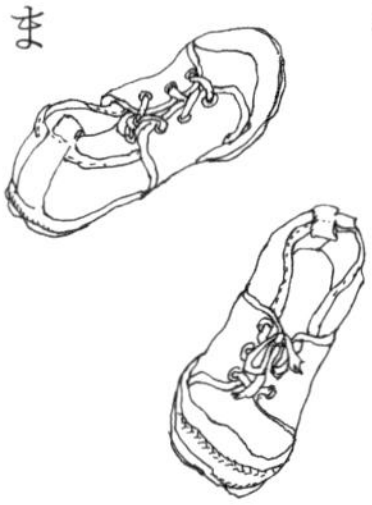

121

クリームやオイルを使って顔のマッサージをしましょう。固くなっている顔の筋肉をやさしくほぐすと、顔色もよくなり、すっきりします。

肩が凝ったり、腰が痛くなるのは筋肉の疲れが原因ですが、顔にも筋肉があることは忘れられがちです。凝りや疲れのせいで顔がこわばったりするものです。そんなときは男女問わず、ときどき顔のマッサージを施しましょう。押したりほぐしたりしてみて、ちょっと痛いと思う箇所は、ゆっくりていねいに、指を使ってもみほぐします。

オイルやクリームを使うと指のすべりがよく、心地よくできるでしょう。目のまわりのくすみや、顔のたるみやむくみは、顔のマッサージでたいていは解決できるものです。お風呂に入りながら習慣的に行うとよいでしょう。顔の筋肉の疲れや凝りは、そのままにしておいても、簡単にはやわらかくなりません。

122

車や自転車を運転しているときや、歩いたり走ったりしているときは、曲がり角では必ずスピードを落としましょう。暮らしや仕事においてもブレーキ上手になりましょう。

競争をすすめるわけではありませんが、先を競うレースにおいて一番大切な技術はブレーキのかけ方です。仕事と暮らしという、人の人生において、その道は曲がりくねったものであることが当然です。その曲がり角でスピードを落とさなければ、事故を起こしてしまうのは当たり前です。必ずしっかりブレーキを踏んで、スピードを落としましょう。

カーブでは、一度止まるのもよいでしょう。しっかりと定めた方へ向きを変えること、その先に何があるか見極めることに役立ちます。

ブレーキ上手な人は、事故も起こさず、堅実に前へ前へと進み、よい結果を生みだします。アクセルを踏むだけでは、とても危険です。

123

食わず嫌いで避けていたものを、見直して食べるようにしましょう。知らなかったおいしさに出合えるかもしれません。嫌いという思い込みはよくありません。

124

行き先の地図を書いて、自転車で遠乗りしてみましょう。休憩や立ち寄る場所を決めておくとよいでしょう。

125

へちまを食器洗いに使ってみましょう。汚れがきれいに落ちますし、自然素材は環境保護にもつながります。

126

カーディガンやジャケットのボタンを付け替えてみましょう。自由な発想で、大きさや種類をばらばらにしてもよいでしょう。

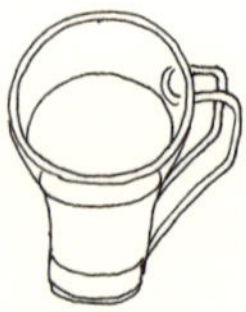

127

離れた場所に暮らす両親や兄妹に手紙を書きましょう。些細なことや今日一日のことだけでも、手紙で伝えられるとうれしいものです。

128

人は誰しも、強くもなく弱くもないと知りましょう。やさしさと厳しさのメリハリも大切です。

129

朝起きてから出かけるまでのわずかな時間のなかで、静かにひと息つく時間を作りましょう。心を落ち着かせて、自分らしい一日をイメージしましょう。

130

友情には年齢も学歴も関係ありません。何かひとつでも共通する楽しみや好みがあればよいのです。交友関係をもっと自由に広げてみましょう。

131

他人を責めるのはやめましょう。それは逆に、自分を追い込むことになります。

人の感情は、なかなかコントロールできるものではありません。特に、怒りや悲しみを抑えるのは簡単ではありません。しかし、人間関係でトラブルが起きたときに相手を責めても、何ひとつ解決することはありません。責めれば、なおさら相手を追い込むことになり、問題解決からどんどん遠ざかるものです。

そんなときこそ、相手を思いやり、できるだけ追い詰めることのないようにします。問題を解決するのは、まずは原因を自分のなかに探した上で、相手を許すことです。そして責めることなく、問題について話し合うように努めます。どうしても解決しない場合は、自分の原因を過ちとし、その問題を反省しましょう。

132

仕事においても暮らしにおいても、優先順位をつけることが、ものごとを進めるコツです。そして、それを守ることです。

133

犬や猫など、飼っている動物の似顔絵を描いてみましょう。普段気がつかないチャームポイントが見つかって、さらに可愛く思えてきます。

134

一日にひとつ、外国語の単語を覚えてみましょう。それだけで、今日の自分は昨日の自分とは変わります。単語ひとつ覚えるだけで感動できるのです。

135

晴れた日に布団の日干しをしましょう。表面をやさしく叩いて、ほこりも払います。ふっくらとふくらんだ布団で眠るのは気持ちのよいものです。

136

目をつむって思い浮かぶ景色はなんでしょう。幼い頃の思い出や、旅の記憶でしょうか。それが近くなら散歩で、遠くなら旅行で訪れてみませんか。

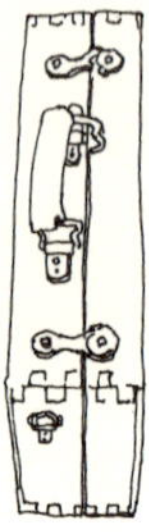

旅の目的は観光だけでなく、個人的に抱いている記憶の風景をたずねることも楽しいものです。そこに行けば、何か必ず、自分に問いかけてくるものがあるはずです。自分を再発見する旅とでも言いましょうか。それを噛みしめて過ごす旅のひとときもよいでしょう。

誰の心のなかにも、明るいものだけでなく、重く暗いものがあると思います。そのどちらひとつでも無いものとせず、しっかりと抱きしめるのも人生の大切な知恵です。

大切なのは自分の心のなかにあり続けるものが何かと知ることです。そのためには一人で出かける旅が役立ちます。いつも外に向いている心の窓を、ときおり内に向けることは大切なのです。

137

今、自分が育てているものはなんですか。守っているものはなんですか。思いついたものを紙に書いてみましょう。大切なことを思い出すことができるでしょう。

よくわかっているようで、実はよくわかっていないのは自分のことです。人のことはよく見えるのに、自分のことはよく見えないのがほんとうです。見えないというよりも、見る勇気がなかなか湧かないというような。

仕事と暮らしというのは、常に何かを育て、守っているものです。まさに農夫のごとく、種をまいて、水をやり、手入れをし、収穫をするように。

では、どんな種をまいたのでしょうか。そこにはどんな野菜や果実がなっているのでしょうか。思いを巡らせて、ちょっと書き出してみる。すると、一緒に記憶されていたことが思い出されます。立ち返る場所は誰にでもあるのです。

人はいつでも出発点に戻ってよいのです。

138

ランプシェードの掃除をしましょう。一緒に天井からの高さを調整してみてはいかがでしょうか。

139

お年寄りと一緒にお風呂に入ってみましょう。からだや頭を洗ってあげます。おしゃべりもたくさんしましょう。

140

セレモニースーツを思い切ってオーダーしてみましょう。晴れの日の一着は、上質なものを選びます。

141

嘘も方便、というときもありますが、過去についてだけは嘘をつくのはやめましょう。

142
毎日の食習慣になっていることを変えてみましょう。たとえばコーヒーをしばらくやめてみるとか。体調や気分に変化があってよいものです。

143
財布のなかには常に余裕のある金額を入れておきましょう。それはひとつのお守りと考えて大切にします。

144
朝起きたら目薬をさしましょう。目は意外と疲れていますのでいたわりましょう。目がすっきりさわやかなのは気持ちがよいものです。

145
しあわせとは、ものごとをどう考えるのかによって決まるものです。ですから今日、自分が何を思い、考えるのかが大切です。

146

なるべく職場から離れる時間を作りましょう。仕事人間になってはいけません。暮らしを自分らしく楽しんでこそ、仕事の質が上がってきます。

就業時間を超え、いつまでも長く職場に残っていても、ひとつもいいことはありません。早く家に帰りましょう。当たり前に働いていても、終わらない仕事が毎日のようにあるならば、それは個人の問題ではなく、会社全体の問題です。仕事のために暮らしを犠牲にしてはいけません。大げさと思われるかもしれませんが、それは戦争の犠牲になった暮らしと意味が同じことです。

暮らしを大切に、暮らしをていねいに過ごすことで、私たちは人生の豊かさを学び、個性を育み、工夫とアイデアに満ちた、常に創造的な意識を持つことができるのです。それが社会との接点である仕事にも生かされるのです。

暮らしがあってこその仕事なのです。

147

自分の宝物の整理をしましょう。全部を並べてみましょう。整理してもよいものは人にプレゼントしましょう。きっと喜ばれます。

148

運動不足の人は、一人で運動ができないから運動不足になるのです。運動不足の友人を誘って、はじめることだけでも一緒にしてみましょう。

149

表札の代わりに、小さな花瓶を吊るして、お花を飾ってみてはいかがでしょうか。ドライフラワーやリースでもよいでしょう。

150

家のなかで過ごすための、ちょっと上質な部屋着を揃えましょう。着心地のよい外出着を部屋着におろしてもよいでしょう。

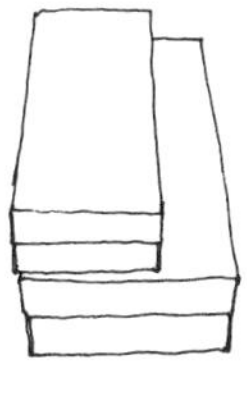

151

いらいらしたり、落ち着かないときは、深呼吸をしましょう。少し横になってからだを休めるのも効果的です。

何が原因かわかりませんが、どうも心の落ち着きに欠けていたり、些細なことでいらいらしてしまう日が、どんな人にもあります。それは自分が悪いわけではありません。どうしようもない、仕方がないことです。

ひとつ言えるのは、きっと疲れているのでしょう。忙しさや緊張で気がつかないだけです。

そんなときは、ゆっくり小休止することをおすすめします。それができないときは、深くゆっくりと深呼吸を繰り返します。深呼吸は、吸うときよりも吐くときに時間をかけるよう意識します。

気持ちが安定しないそんな日は、できるだけ人に会わないようにして一人で静かに過ごしましょう。明日にはすっきり気持ちが晴れるでしょう。

152

信じることで一歩前進できます。一度信じたらとことん信じます。信じられなくなるのは、たいてい自分の思うままにいかないときです。

道を歩むために一歩を進めるには、「よし」と信じる覚悟が必要です。信じることで、その一歩の前進があるのです。歩むということは、常に信じる心を重ねていくことです。その積み重ねが、ちからになります。

人は弱い生き物ですから、信じない、信じられないと思うことがあって当たり前です。それは自分の思うままにいかないことに対する不安から生じる心持ちです。しかし、仕事や暮らしにおいて自分の思うままにいくことがどれだけあるのでしょうか。そのほとんどが思うままにいかないものです。思うままにいかないからこそ、それと向き合い、受け止め、学ぶのです。

何事も信じることからはじまるのです。

153
いつもより早く起きてラジオ体操をやってみましょう。覚えているところだけでもからだを動かします。最後の深呼吸でとてもさわやかな気分を味わえます。

154
行き詰まったり、疲れたときは、無理をしないで、まずは休みましょう。休んでいるときは何もかも忘れるようにしましょう。

155
お年寄りを誘って散歩に出かけて、昔の話を聞かせてもらいましょう。昔の人の話は為になり、たくさんのことを学ばせてくれます。

156
海や川に行って、すてきなかたちの石を探してみましょう。部屋のインテリアに置いてみると、なかなか美しいオブジェになります。

第三章　まいにちよろこぶ

157

クッションカバーを新しくしてみませんか。好きな生地で手作りして新調しましょう。古くなったクッションも取り替えます。

158

首の後ろを常にマッサージして、やわらかくしておきましょう。からだの凝りはいつも首の後ろから始まります。常に触って注意しましょう。

159

新しい便せんと封筒を買いましょう。いざ手紙を書きたいときに無いと困りますし、すてきなものを見つけると手紙を書くきっかけにもなります。

160

洗面所に置いてある、化粧品などのボトルのふたがきちんと閉まっているか見てみましょう。うっかりゆるいままで置いてあるものがあります。

161

たまってしまった雑誌の、気に入ったところや必要なページを切り抜いて、スクラップブックを作りましょう。楽しく整理ができて一石二鳥です。

162

顔のうぶ毛を剃りましょう。さっぱりします。剃ったあとには化粧水をたっぷりつけましょう。

163

旅先でお世話になった方には、帰り途中にお礼状を書きましょう。家に着く前にポストに投函します。

164

人が歩いている狭い道を車や自転車で走るときは、できるだけ速度を落としましょう。クラクションやベルは鳴らしません。

165

靴の紐をきつくし過ぎていませんか。足をしめつけることは身体にとって、よくありません。少しゆるいくらいが丁度よいのです。

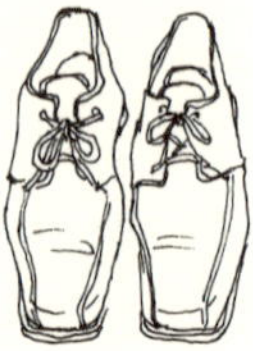

靴を見れば、その人がよくわかると言われますが、靴だけではなく、靴の紐の結び方も大切です。ていねいに、しっかりと結んでおくことを心がけましょう。

さらに大切なのは、その結び加減です。きつければよいと思いがちで、これでもかときつく結んでしまうと、足の血行を損なうことになり、疲れやすく、また足のためによくありません。そうしないと脱げてしまう靴は足に合っていないということです。靴の紐はしめつけることなく、少しゆるいくらいの余裕があって丁度よいのです。

歩くのは毎日のことですから、靴の紐の結び具合はとても大切です。足の疲れをやわらげる工夫のひとつなのです。

166

病気や肌のトラブルの予防のためにも乾燥には気をつけましょう。部屋には常に加湿器を置いて、適度な湿度を保ちます。

167

旬の野菜を食べましょう。新鮮で一番おいしい味わいを楽しむことこそが、正しい食事です。

168

いつも使っているかばんにブラシをかけましょう。意外とほこりがたまっていることがよくわかります。

169

洗濯物の量を減らすようにしましょう。毎日取り替えるものと、数日使うものなど決めることが大切です。表を作ってみるとよくわかります。

170

自分が話すのではなく、人の話をよく聞きましょう。決して反論することなく聞くことで、人はあなたに少しずつ心を開くことでしょう。

自分の話を聞いてもらいたいときは、まずは相手の話をたっぷりと聞くことを心がけます。

自分勝手に話をはじめて、話を一方的に聞かせることはできても、それはかたちだけのものであって、相手は心から自分の話など聞いてはくれていません。きっと心無い返事しかもらえません。

聞くときは、どんな話であっても、決して反論せず、相手の目を見て、言葉をしっかりと聞いてあげることが大切です。すると、自然と相手は心を開き、あなたを受け入れることでしょう。

自分が何か求めることがあるときは、それを先に相手にしてあげる心持ちが大切です。

いつどんなときでも、与えてこそ、与えられるのです。

171

ゆっくり歩きましょう。うるさくせず、静かに穏やかに行動しましょう。足音は気になるものです。

家や職場など、どたばたと足音をうるさく歩くのはよくないことです。また、スリッパや靴のひきずった音を出して歩くのも注意しましょう。

どこであっても、まわりに気を使い、静かで穏やかな所作を心がけます。

自分ではなかなか気がつきませんが、足音というのはとてもうるさくて、気になるものです。そして、そういう人の歩き方は決して美しくはありません。いらいらしていたら、いらいらした歩き方になり、穏やかであれば、穏やかな歩き方になるというように、それは人にも伝わってしまうのです。

歩き方と足音は、そのときの自分の心の状態をあらわすものだと覚えておきましょう。

172

育てている植物の葉っぱの裏をよく見てみましょう。遠くからはわかりませんが、意外に小さな虫がたくさんついていたりするものです。

173

古くなった小銭入れは、切手の収納に使うと便利です。長く使ったものは、違った使い方で大切にします。

174

目上の方への手紙の書き始めに「前略」を使うのは失礼にあたります。本来、急ぎの用事のときに前文を省くための言葉です。

175

かばんのなかにいつも爪切りを入れておきましょう。伸びた爪が気になったとき、すぐに役立ちます。

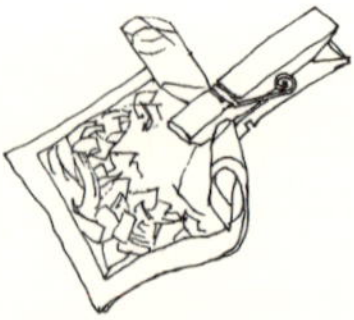

176

ハンドクリームなど化粧品のふたの内側をきれいにしましょう。さっと拭くだけで簡単に掃除ができます。

177

体調がすぐれないときは、体温を計ってみましょう。平熱だったとしても、油断は禁物です。無理せずからだを休めましょう。

178

洋服の一部分のしわを伸ばすときは、霧吹きよりも、筆に水をつけて、しわをなぞるように濡らしてからアイロンをかけるとうまくできます。

179

朝食はゆっくり食べましょう。そのために少しだけ早く起きましょう。時間がないからといって、急いで食べると、その日の体調が悪くなることがあります。

180

休みの計画を練りましょう。旅行が無理なら、ちょっとした外出だけでも日にちを決めましょう。わくわくする楽しみがあることはよいものです。

181

目を上下左右に動かしてから、目のまわりをマッサージしましょう。筋肉をほぐしてあげると、すっきりして、目の疲れも癒されます。

182

タンスでも冷蔵庫でも、中身がいっぱいになったら思いきって捨ててみましょう。空きができて効率がよくなります。

183

食べ過ぎに注意しましょう。今日は朝昼晩といつもの半分の量にします。その分、水分をたくさん摂りましょう。体調不良が整いますよ。

184

毎朝、テーブルや机を、よく絞った濡れふきんで心をこめて磨き、から拭きもします。何もしないことは、汚れたままの食器で食事をするようなものです。

185

ときには人に任せてみましょう。人の手を借りて、自分の負担を軽くする工夫を考えましょう。

186

夜に自転車に乗るときはスピードを出しません。自分は見えていても、車にはあなたが見えていないことが多いのです。夜道の自転車はとても危険なのです。

187

汗をかく季節には、自分の体臭に気をつけましょう。人に会うときや、混んだ電車では迷惑になります。

188

何か深刻な悩みごとや問題があったら、ときには次第におさまるようにに放っておきましょう。自然に落ち着くのを待つのもひとつの方法です。

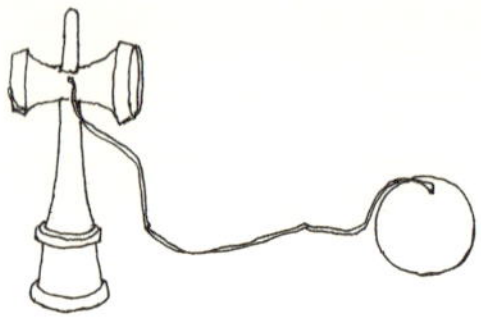

仕事と暮らしにおいては、次から次へと心配ごとや悩みごとがあらわれるものです。それは、自分が成長したり、変化したり、前進している証ですから気にすることはありません。

深刻な悩みごとは、すぐに解決できないことも少なくありません。そんなときは、くよくよと考えず、少し放っておくのもひとつの方法です。冷静になって、過ぎゆく時間を味方につけて手を引いてみます。すると、意外と落ち着くものです。

しかし、決して解決はしていませんので、そこでもう一度、取り組みましょう。新しい考えや、新しい心持ちが、きっと解決の一歩になるでしょう。

押してだめなら引いてみよ、ということわざは、たしかな知恵なのです。

189

姿勢に注意しましょう。気がつくと体重を左右のどちらかの足に乗せて立っているときがあります。しっかり立つと、気持ちもしゃんとしてきます。

心持ちと同じように、からだの姿勢はとても大切です。重心をまんなかに置いて、左右バランスよく、しっかりと立つことを意識しましょう。壁に寄りかかったり、どちらかの足に重心を傾けたりして立つ癖は直しましょう。

立ったときに、足の裏全体に体重が均等に乗って、背筋が伸びているかを常に注意しましょう。鏡を見てみるのもよいでしょう。立ち方が悪いと、骨格がゆがんだり、筋力のバランスを失ったりとよいことはありません。

すっとまっすぐに立った美しい姿勢は、健康のためだけでなく、心の状態や、人から受ける印象にも関わります。歳をとっても、美しい姿勢を保つ体力と心持ちを鍛えましょう。

190

首と名がつくからだの部分をよくマッサージしてあげましょう。手をそえて、よく動かしてあげて、常にやわらかくしましょう。

疲れたとき、簡単で誰にでもできる応急処置として首のマッサージをおすすめします。

首、手首、足首といった、首と名がつく部分を、やさしくマッサージしましょう。首は、からだにとって、とても重要な部分です。ボディクリームやマッサージオイルを使うと、指がよくすべり、よいでしょう。

また、首はいつもあたためておくことが大切です。冷やさないように気をつければ、冷え症対策になります。風邪の予防にもなります。

手首は、疲れていることに気がつきにくい部分です。マッサージを習慣にしましょう。

膝や腰の痛みは、足首に原因があるケースもあります。

191

常に部屋の床がすっきりと見えるように整えておきましょう。床が散らかっていると、見た目も悪く、居心地もよくありません。

192

本を読んで気に入った文章があったら、ノートに書き留めておきましょう。何度も読んで味わいを楽しみましょう。

193

お酒はたしなむ程度にして、酔っぱらうまで飲むのは控えましょう。飲みすぎは健康を害します。

194

印鑑の整理をしましょう。使っていないものは処分します。朱肉の汚れもしっかり掃除します。

195

人の良いところを見つけて、真似をしてみましょう。他人の良いところは、自分の良いところを育てる養分になります。

日々どんなことからも学ぼうとする素直な心持ちは大切です。そんな思いで人と接し、その人のちょっとした仕草や、言葉、心持ちのよいところを見つけて真似てみます。それはきっと自分には欠けているところですので、おおいに勉強になり、成長を助けてくれます。まわりのすべてが自分に何かを教えてくれる存在だと感謝しましょう。

人から影響を受けたり、人の真似をしてみることは、とてもよいことです。どんなに偉い人でも一生をかけて行ったことは、常に誰かの真似をしていたと言われています。

学ぼうとか育とうとする気持ちは、強い関心や好奇心からはじまり、発見と学習につながります。暮らしとはその繰り返しなのです。

196

玄関のドアの外側を、洗剤を使ってごしごし洗いましょう。ぴかぴかにすると見た目も明るくなって、気持ちもすっきりします。

197

何か人に話をするときは、あわてずに、まずは深く息を吸ってから話しましょう。そのひと呼吸が自分を冷静にしてくれます。

198

人と話をするときは明るい話題を心がけましょう。仕事や生活の愚痴は我慢します。明るい知らせを持ってくる人は誰からも好かれるものです。

199

シンプルな洋服を着たときは、アクセサリーや小物をアクセントにしましょう。バランスにも注意します。

200

電車やエレベーターのなかといった公共の狭い場所では、いつもまわりの人に気を使いましょう。自分が迷惑になっていないか注意します。

人の集まる公共の場などで、思いやりのある行動が自然にできる人になりましょう。

電車のなかや、お店のなかなど、人の集まる狭い場所では、いつも自分の行動や仕草が、他人の迷惑になっていないか注意しましょう。うっかり夢中になって、大きな声で話したり、まわりに対して不親切であったり、思いやりに欠けてしまうことがあります。

公共の場においては、常にいろいろなことが分かち合われていますから、できるだけ気を使いましょう。

自分には関係ないと思ったり、まわりに無関心では困ります。自分は一人ではなく、常に何かしらの共同体に属しているのですから。

201

椅子の足の裏をきれいにしましょう。いつも床についていますから汚れています。フェルトや布を貼ってもよいでしょう。

202

鼻毛が出ていないか鏡を見てチェックしましょう。鼻を動かして表情を変えてみて、横からも下からもチェックします。

203

寝不足の日の夕食は軽めにしましょう。消化に時間がかかるたんぱく質や脂肪類は少なめにします。

204

節約をしましょう。節約は収入と同じくらい大切なことです。お金がなくても嘆かずに、節約を楽しむ工夫をしましょう。

205

自己投資について考えましょう。読書や旅行、休養も自己投資のひとつです。それで何を蓄えるのか意識します。

自分に必要な栄養とは何かを考えてみましょう。そして、それはどのくらいの量で、どのくらいの頻度で足したらよいのか、知っておくことが大切です。

自己投資とは自分への種まきです。すぐには実りませんが、しっかりと育てれば、必ずたわわに実を結びます。そして、採れた実は蓄えることができますので、必要であればいつでも味わうことができます。

自分という土壌に、今日はどんな種をまきましょうか。具体的な目標や夢を持って、計画を練って、その実の種をまきます。育て方によって、実の出来も変わりますので、種に対する日々の心持ちを大切にしましょう。

206

機嫌のよくない日は、できるだけ人と距離をとりましょう。マイナスな気分は連鎖してしまうからです。一人になって時間が過ぎるのを待ちます。

どんな人でも、機嫌のよくない一日というものはあります。人は誰しも弱く、傷つきやすいものですから、これぱかりは仕方がありません。だからといって、そんな気分を無理に抑えてしまうと心の病気になりかねません。そういう一日は静かに過ごすにかぎります。

機嫌のよくない一日は、できるだけ一人で過ごすようにしましょう。これは心の病気でもあり、からだの不調のひとつですから、可能であれば仕事を休んでもよいでしょう。

からだの病気なら休んでよくて、心の病気は休んではいけないという考えは古い考えです。機嫌がよくない、マイナスな気分は、人にも伝染しますので注意が必要です。

207

仕事や暮らしのなかで大変なことが起きたときは、すぐに何かをせずに、まずは心を落ち着かせてから、ひとつひとつ解決に取り組みましょう。

トラブルは突然やってくるものです。また、タイミング悪く、いろいろなことと重なるものです。そんなときは、あわてて忙しくするよりも、まずは深呼吸して、心を落ち着かせることが大切です。あわてて対処してよいことはひとつもなく、新たなトラブルも引き起こしかねません。

心が落ち着くまで何度でも深呼吸して、やっと落ち着いたところで、何をすべきか考えましょう。順番を整えてから、ひとつひとつ片づけていきます。こんなにたくさんと思うとあわててしまいますが、ひとつ、そしてまたひとつ、と考えれば気持ちは楽になります。

どんなに大きなことも一歩の積み重ねです。その一歩をていねいに、ていねいに。

208

体重を量りましょう。変わっていなければひとまず安心。増えすぎ、減りすぎは注意です。原因を見つけましょう。

209

眠くてつらいときは、深呼吸をしましょう。身体の中にたくさん酸素を摂り入れると、すっきりと目が覚めます。

210

ドアノブの汚れをきれいにふき取りましょう。手あかがたくさんついています。壁のスイッチや引き戸も同じように。

211

シャンプーは頭皮から。トリートメントは髪先からつけるようにしましょう。頭皮のためにも、洗髪は手際よく行いましょう。

212

家庭は仕事を助けます。
仕事は家庭を助けます。
その両方を育てるため
にあるのが、休日です。
それほど休日の過ごし
方は大切です。

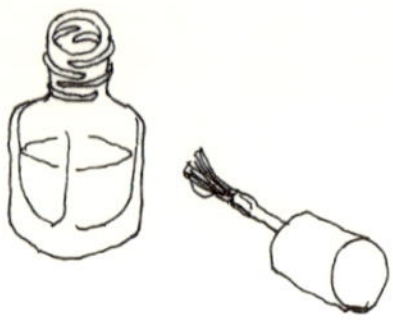

もしあなたが、「遊ぶために働く」という考えを持っていたら、「働くために遊ぶ」という考えに変えてみましょう。

ここでいう遊びは、休日やプライベートな時間を楽しく豊かに過ごすということです。休日は、からだと頭を休めるためにあり、家庭を育てることと、仕事を育てることのためにあります。休日のために一生懸命に働くのではなく、働くために一生懸命に休日を楽しむということです。

休日に養った家庭と、自分らしさがあってこそ、仕事にそれらが生かされます。生かされれば、それはまた循環され、自分に返ってきます。

休日は普段の仕事の日よりも、数倍大切な一日なのです。

213

言いたいことを言った後には、笑顔を欠かさないようにしましょう。はっきりと意見をしたり、感情を伝えることは大切なことです。

自分の思っていることや、考えていることをきちんと相手に伝えることは、人に対する誠実さであり、関係をより深めるためには大切なことです。

しかし、むつかしいのは伝え方です。伝え方がうまくいかずに関係を悪くしてしまうことが多いのです。対話ですから、常に相手の話をきちんと聞くこと。そして、自分の言葉を聞いてもらう。そのときに忘れてはいけないのは、にこやかな笑顔であり表情です。真剣な話のときに、にこにこしていては失礼にあたりますが、にこやかさは相手に対する愛情のあらわれです。

はっきりと意見をしたり、感情を伝えるときほど、その言葉の合間に、笑顔やにこやかさを忘れてはいけません。

214

網戸に穴が開いていないか見てみましょう。穴や破れがあったら、小さな虫が入ってこないように新しい網に取り替えましょう。

215

洋服ダンスのなかを整理しましょう。一度全部外に出して、奥にあったものを手前に置くなどして入れ替えます。

216

たくさん歩いてみましょう。歩いてみると、季節をからだで感じて、普段気がつかないいろいろなことに出合います。元気にもなります。

217

朝起きたら、耳のマッサージをしましょう。ちょっと痛いところは念入りに。頭がすっきりして、しゃきっとします。

218

ベッドの下をのぞいてみましょう。知らない間にいろいろなものが入り込んでしまっています。ほこりもたまっているので掃除します。

219

家族や友人に旅行先からはがきを送りましょう。おみやげよりも喜ばれますし、自分にも送ってもらえるようになって、うれしいものです。

220

どんな天気でも朝は必ず窓を開けて、部屋の空気を入れ替えましょう。部屋の空気がよどんでいると気分も落ち込みます。

221

針の音がしない目覚まし時計を選びましょう。店では気づかず、部屋に置くと気になるときがあります。

222

ベッドに入る前にリラックスタイムを過ごしましょう。静かに音楽を聴いてもいいし、読書をしてもいいでしょう。習慣は条件反射になって、睡眠を助けます。

223

使い捨てするようなものを買うのは控えましょう。そうすれば、ゴミの量を減らすことができます。

224

家には手ぼうきをひとつ置いておきましょう。玄関やトイレなど、ちょっと掃除したいときに大変役に立ちます。

225

加湿器や除湿器を活用して、部屋の湿度を五十パーセントに保つように気をつけましょう。湿度は健康に作用します。

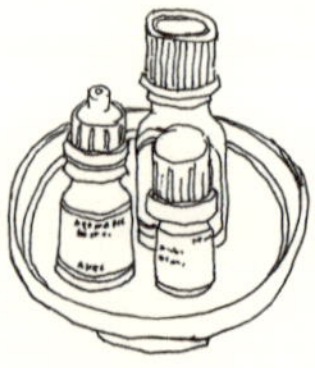

第四章　ときめきとひらめき

226

階段を十回くらい上り下りをしてみましょう。いらいらしたり、不愉快なとき、気分がすっきりします。

227

鼻水が詰まったら、少量の水を口に含んで、しばらくそのままに。自然と鼻が通ってきます。鼻づまりに困ったときの応急処置です。

228

頭寒足熱と言うように、寝るときは、とくに足を冷やさないように注意します。足を冷やしてしまうと疲れやすくなってしまいます。

229

万年筆の手入れをします。ペン先に何度か水を通してきれいにすると、書き味もなめらかになります。

230
早く寝ましょう。たとえば、何曜日は早く寝ると心がけるとよいでしょう。六時に夕飯を食べて、十時には寝ましょう。

231
夏の暑い日は、朝早いうちに家事を済ませてしまいます。ベランダに水をまいておくと温度が上がらず、窓を開けておいても快適です。

232
家に帰ったら清潔な部屋着に着替えてすっきりしましょう。身に付けていたものも外します。深呼吸して一日の疲れを吐きだします。

233
つい怒ってしまった日は、いつもより多めに運動をするとよいでしょう。短時間でもからだを動かすと、すっと怒りが抜けていきます。

234

やりたいこととやるべきことは違います。やるべきことを軽視する人はわがままな人です。気をつけましょう。

やるべきことと、やりたいことを、きちんと分けましょう。そして、まずはやるべきことを行いましょう。

やりたいことを挙げるのは、とても楽しくて、簡単です。しかし、今やるべきことは何か、と考えるのは簡単ではありません。やるべきことを考えて実行する。それは仕事の基本です。もちろん暮らしにおいてもです。

どんなときでも、やりたいことを優先させてはいけません。それは自分勝手でわがままな考えでしかありません。

やるべきことのなかから、簡単なことから始めます。むつかしいことから先に行うと、なかなか前に進めません。

235

自分の気に入った言葉やちょっとした文章を書いてみましょう。書いた紙を毎日眺めてみましょう。元気になりますよ。

仕事においても、暮らしにおいても、人と話をしたり、本を読んだり、何かを見たり眺めたりすることは、自分への刺激にも学びにもなり、とてもよいことです。

そんなときに、出合ったり、思ったりした言葉や文章はメモしておきましょう。毎日こつこつと貯めていくと、自分の仕事や暮らしを支えてくれるかけがえのない宝物になるでしょう。

人は意外と忘れっぽいもので、覚えておこうと思っていても、時間が経つと忘れてしまうものです。どんな小さなことでもメモしておきましょう。あとで読み返すと、その言葉に救われるかもしれません。そのために、毎日小さなメモ帳とペンをポケットに入れておきましょう。

236

お金を使うときに考えるべきことは、それによって誰が喜ぶかではなく、その使い方にお金自体が喜ぶかどうかです。

お金の使い方はとてもむつかしいものです。お金の使い方によって、自分とお金の関係が作られます。お金と、家族や友だちになれるか、上下関係のある付き合いになるのかでは、大きな違いがあります。

大切なのは、お金を使うとき、その使い方でお金が喜んでくれるかどうかです。お金に喜ばれる使い方をする人は、お金と仲の良い関係を築けるでしょう。しかし、お金に嫌がられる使い方をする人は、いつまでもお金と仲の良い関係は作れません。お金に嫌われる人のところには、お金は集まりませんし、集まってもすぐに出ていってしまうでしょう。お金を友だちや家族と考えて、喜ばれる使い方を考えましょう。

237

枕の高さを変えてみましょう。バスタオルを巻いたりして自分に合った高さに調整してみます。ほんのちょっとの高さで寝心地が変わります。

238

自分の考えと違う意見があっても聞き入れるようにしましょう。それをさらに理解する努力は、今以上に自分の世界を広げてくれるでしょう。

239

刺激の強いものや味の濃いものを求めがちの現代です。飲み物ならできるだけ水を飲むというように、手を加えていない、自然に近いものを味わいましょう。

240

パソコンを使わず、テレビを見ず、音楽も聴かず、人と話をすることと、家事をするだけの静かな休日を過ごしてみましょう。

241

ものを投げるのは、絶対にやめましょう。粗雑な所作に注意します。ものは、手から手へ大切に。

「ものを大切に」という教えは幼い頃から誰もが受けています。大切にするというのは、どういうことでしょうか。それは、自分がされたら嫌なことはしないと、ものの立場になって考えればよいことです。ものを大切にするとは、そのものに好かれる自分であるということです。

悪気はなくても、ものをポンと投げてしまうときがありますが、基本的に、ものは手から手へ渡すものであり、どこかに置くときもていねいに静かに置きましょう。

大事なものはていねいに扱うけれども、そうでないものは粗雑に扱うというのはよくありません。ものを大切にしないと、自分からものがどんどんと離れていってしまいます。

242

夏は暑くて、冬は寒いものです。ときにはエアコンやヒーターを使わずに、暑さ寒さという自然を、できるだけ噛みしめましょう。

243

ものの本質を読むことを学びましょう。たとえばリンゴを手にして、これは、どこで、誰が、どのようにして育てたものかと想像するだけでも訓練になります。

244

こわさない、やぶらない、責めない。という気持ちを持ちましょう。これらは人間関係においてとても大切なことです。

245

公共料金などの支払いはできるだけ早く済ませてしまいましょう。支払いをためてしまうと家計に負担がかかります。

246

人との違いを気にするのはやめましょう。ためらわずに自分をさらけだしてよいのです。人と違う道をゆくことで成長するのです。

モラルやマナーを心得たうえで主張することは、自分らしさに嘘をつかない生き方であり、社会で自分を生かし、よいところを伸ばす知恵といえるでしょう。それは社会に自分のよいところ、そうでないところ、人と違うところを知ってもらうというコミュニケーションの試みです。

コミュニケーションは、その人らしさの分かち合いでもあります。人と違う自分を否定してはいけません。

見た目、考え、能力、感受性など、その違いによって生かされる道が必ずあります。その道を見つけるために、その道を与えられるためにも、社会や人に対し、心を開いて自分を知ってもらう勇気を持ちましょう。

247

教育とは、その人が持っている才能や、よいところを見つけて、それを伸ばしてあげることです。何かを教えることではありません。

248

心をこめて料理をしましょう。料理に上手いとか下手というのは関係ありません。大切なのは料理に向かう姿勢があるかないかです。

249

疲れたときは温湿布でおなかを温めましょう。おなかが温まると不思議と疲れが和らぎ、気持ちも落ち着きます。

250

どんなものでも正しい使い方を知りましょう。意外と正しくない使い方をしている場合があります。

251

どんなことも否定するのはやめましょう。否定する前に、そのものごとについてよく知ります。肯定できなくても受容はしましょう。

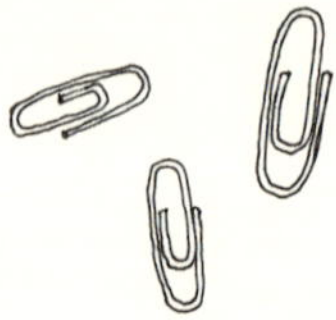

すべてに対して答えはひとつではないという考えは、自分を自由にしてくれます。考えようによってはすべてが正しく、すべてが正しくないのです。答えにこだわらず、そこにたどりつくまでの思索のプロセスに関心を向けましょう。

感情にまかせてすぐに否定してしまうことは避けましょう。まずは受け入れることです。疑問を持ったらそのことについて調べて、よく学んだうえで意見を述べましょう。その意見交換によって新しい発見があるでしょうし、分かち合える方向も定まり、よりよい考えが生まれます。

もっとよい考えがあるかもしれない、という意識を持ち続けること。そして、常に自己否定の勇気を失わないように。

252

これがだめとか、足りないとか、マイナスの面ばかりを考えるのはやめましょう。プラスの面を見つけて磨く暮らしを考えましょう。

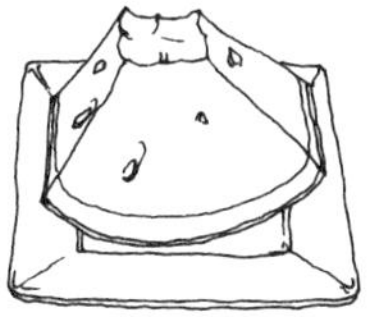

仕事と暮らしにおいて、評論家や解説者になるのはやめましょう。マイナス面だけを引き合いに出し、それについて議論するのもやめましょう。

私たちはいわばプレイヤーですから、常に前向きな心持ちで、わずかでもプラス面を見つけ出し、そこを磨くことです。ものごとには必ずプラスとマイナスがあります。そしてそれぞれに理由があります。プラス面を磨くことで、マイナス面を補うことができますが、その反対はなかなかうまくはいきません。子どもに対して、よくないところを指摘するよりも、よいところを褒めるほうが成長するのと同じです。マイナス面はそれ以上にマイナスにならないように注意し、プラス面を大きく伸ばすことです。

253

「つもり」という言葉使いに注意しましょう。「つもり」とは自分の思い込みでしかなく、人とはなかなか分かり合えないものです。

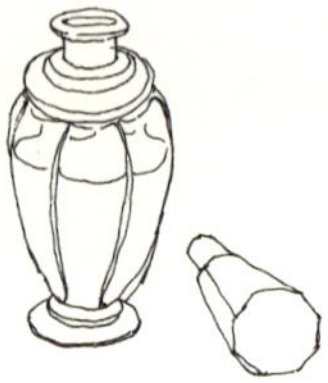

何かあったときに相手に発する「つもりでした」という言葉に注意しましょう。「つもり」は、相手に誤解されたときに、弁解しようとしてつい使ってしまう言葉です。知っておかなくてはならないのは、どんなときでも素直になり、言い訳をしてはいけないということです。

言い訳は自分の立場の物言いです。ここで必要なのは、相手の立場に立った説明です。説明には「つもり」という言葉はあってはいけません。悪気はなかったことを盾にして、自分の思い込みを相手に押しつけても、説明にはならないのです。

うっかり「そんなつもりではなく……」と言いがちですが、実際の問題を認めて、向き合うことが先決です。

254

暮らしや仕事には、いつしか変化や転機が自然と訪れるものです。その予感がしたときは、恐がらずに、意識してうまくいくように行動しましょう。

255

料理で大切なことは「色」と「香り」と「味」です。これはあらゆることについて言えることです。常に気にしてみましょう。

256

今日の洋服は、何を着るかではなく、どう工夫して着こなすかを考えましょう。そこに自分の個性が見つかります。

257

人間的に好きになった人には、男女問わず、自分が好きであることを素直に伝えましょう。友だちになってもらいましょう。

258

相手の話の腰を折ること、しっかりとした考えもなく反対したり、相手が話す前に代わりに言ってしまうことは慎みましょう。

対話をするということは、常に相手を敬い、受け入れ、思いやることが第一です。

人が話している途中で、相槌を打つようにして相手の話の腰を折ってはいけません。そしてまた、すぐに否定し、一方的に話をすり替えてもいけません。

人の話は、最後までしっかりと聞くことが大切です。そして、最後まで聞いたうえで、わからないことを質問します。話し合いに短気は禁物です。話の途中でわかったつもりもいけません。短気は損気というように、よいことはありません。

しかし、上手なキャッチボールができるように、聞く側だけでなく、話す側にも相手への思いやりや心遣いが必要です。

259

成長期においては大きめでもよいのですが、大人の自分にとっての「ちょうどいい」を知りましょう。「ちょうどよくないもの」は思い切って整理します。

260

花には、贈る人が託した様々な意味があります。花言葉を覚えておくと、花の贈り方に楽しみが増えるでしょう。

261

夜中にのどが渇いたときは、冷たい飲み物は避けて、あたたかいお湯を飲みましょう。夜中はからだにやさしいものを選びます。

262

洋服を試着したときは、必ず鏡で後ろ姿を冷静に確認しましょう。前から見てよくても、後ろがきゅうくつに見えるときもあります。

263

新しい世界に生きようとするならば、前の世界のことは消さなければいけません。冷たいように思えますが、ほんとうなのです。

世代交代やバトンタッチなど、社会では常に様々な変化が起きていきます。そんななか、古い世界と新しい世界の共存は言葉で言うほど簡単ではありません。新しい世界が現実であるならば、その世界で生きていく術と覚悟を持たなければいけません。なじみのある居心地のよい古い世界に居続けることは現実逃避です。自分では気がつかない間に、どんどんとその世界は狭く小さくなっていくことも知らなければいけません。

常に頭と心をやわらかくし、新しい世界に溶け込み、順応していく若さを持ちましょう。そうしないと淘汰されてしまいます。

今日も明日もあさっても、生まれたばかりのような初々しい自分でありたいものです。

264

よく晴れた日には日向ぼっこをしましょう。日焼けをすると疲れるので五分くらいを目安に。元気になりますよ。

265

足のかかとの皮膚が硬くなったり、かさかさになっていませんか。その場合、一度に軽石で治そうとせず、何度かに分けてやさしくこすって治しましょう。

266

自分の目標や計画に対して、常に前向きに、家族や親しい友人のように忠実になりましょう。大切なことはちからを尽くすことです。

267

シーツや枕カバーなどベッドリネンを新しいものに取り替えましょう。今夜は気持ちよく寝られるでしょう。

268

苦しみとは、自分の思うままにならないことです。思うままにならないことは噛みしめましょう。それはあなたを強く育ててくれる糧になります。

日々の仕事と暮らしにおいて、思うままになることは意外と少ないものです。

苦しみなんていうと、少しおおげさですが、思うままにならないことは、自分にとって少なからず苦しみでもあります。しかし、そんな苦しみは、苦しいだけでなく、自分の成長を助けてくれる栄養ともいえるでしょう。

思うままにならないことで、いらいらしたり、外を向くようなことはせず、しっかりと向き合い噛みしめる。そこには自分の弱さがあるかもしれません。学ぶヒントがあるかもしれません。

苦しみを乗り越える唯一の方法は、苦しみから逃げず、苦しみを愛することです。今の自分に、必要な栄養であると受け入れましょう。

269

年齢とともに、からだのケアに気をつけましょう。なんでも相談できるお医者さんを見つけておくことをおすすめします。

270

自分にとって、体力、財力、経験力のバランスをチェックしてみましょう。どれが優れていて、どれが劣っているのか。これからの新しい目標にしましょう。

271

一人きりでとびきりのご馳走を食べましょう。がんばっている自分へのごほうびです。

272

カーテンは少しだけ短めにしておくと、すそが汚れず、掃除をするときも便利です。長さの調整ができるレールの器具もあります。

273
ものごとを解決する秘訣はひとつしかありません。それは、決してあきらめないことです。解決できないのはあきらめてしまっているからです。

274
料理が終わったら、台所でお香やアロマオイルをたいてみましょう。残った料理の匂いも消えますし、リラックスもできるでしょう。

275
呼吸を意識しながら歩きましょう。不思議とゆったりした、穏やかな気分になります。急いでいるときこそ気をつけます。

276
うっかりと用事を入れてしまわないように、子どもの学校行事は、新学期に確認して、予定表に書き込みましょう。

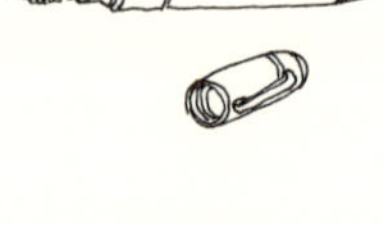

277

感謝の気持ちは、言葉や態度でしっかり表現しなければ相手には伝わりません。心のなかで思っているだけではだめです。

278

旅行のときには、ビニールの買い物袋を忘れずに持っていきます。濡れているものを入れたり、洗濯物を小分けにするのに便利です。

279

夜寝る前や、朝起きたとき、昼間にふとしたときでも、自分の夢を想いましょう。一日に何度でも夢を想いましょう。

280

自分勝手な行動をとっていないか考えましょう。今いる環境のなかで自分一人だけ浮いていないか観察しましょう。

281

よいものや美しいものを探して過ごしましょう。暗い景色ではなく、できるだけ明るい景色を眺めましょう。いつも日向に顔を向けておきます。

豊かな暮らしとは、家事や仕事、人付き合い、社会との関わりなどを通じ、美しいものやよいもの、美しいことやよいことを探す生活です。

日々のなかで大変なことやつらいことがあっても、そこに一筋の光を見つけようとする心持ちが大切です。人は弱いものですから、どうしても暗い方に気持ちが引っ張られがちです。しかし、しっかりと足を踏ん張って明るい方に顔を向けて、暮らしを歩むことが大切です。

明るい方には、たくさんの人が集まっています。そこに自分が歩み寄れば、さらに明るい景色が先に見えるでしょう。それは希望です。

どんなことがあっても必ず希望はあります。明るい希望を持っていれば大丈夫です。

282

苦情を伝えることは大切です。しかし、伝え方には慎重さが必要です。相手を思いやり、傷つけないように注意します。

283

アロマキャンドルを灯して、お風呂場の照明を消して入浴しましょう。いつもよりもリラックスできて、しあわせな気分になります。

284

家のゴミ箱の数を減らしてみましょう。ゴミ集めが楽になり、またゴミの量も減るかもしれません。

285

海外旅行ではスーツケースが行方不明になることは日常茶飯事です。手持ちのバッグには二日分くらいの必要なものを入れておきます。

286

自分だけの、暮らしのルールを考えて決めてみましょう。三つあれば十分です。一年ごとに変えていきましょう。

心地よい暮らしのために、ささやかなルールを作ることをおすすめします。

ただなんとなく、思うままに過ごす暮らしは、枠がないせいか、ごちゃごちゃに散らかった机の引きだしのなかのようになってしまいます。ですので、そこにいくつかの枠を作って、整理すれば、ものごとは同じでも、ごちゃごちゃの散らかりは解決します。そうすると気分も落ち着き、すこやかな暮らしに変わるでしょう。

ルールは少なくてよいのです。それも毎日のことですから、むつかしくないものを選びます。

朝、散歩をする。日記を書く。夜九時以降はテレビを見ない、など決めてみます。

ルールは暮らしのリズムにもなります。

287

知に溺れてはいけません。人に意見をするときにはマナーや礼儀を忘れないように。それがいくら正しくとも、その前に相手への気遣いが大切です。

知識や情報を持つことはよいことですが、その使い方には注意が必要です。特に人に対して意見するときは、相手が自分よりも知識や情報量が劣っていたとしても、相手を敬う思いやりのある心持ちを忘れないようにしましょう。

そしてまた、知識や情報で裏打ちされたものごとは一見正しいのですが、それに縛られてしまうと、可能性の芽を摘んでしまうことにもなりかねません。誤って否定してしまうとチャンスも失ってしまいます。

知識や情報は、あくまでも過去のことであり、憶測、または保険のようなものです。

信じるべきことは、知識や情報ではなく、目の前に立つ人やものの心の温度です。

288

争いごとはやめましょう。争いというのは、負けた人は悲惨です。しかし勝った人も悲惨です。本当の勝者は争わない人です。

戦争を反対するなら、争いごとにも反対しましょう。争いとは、どんなに他愛ないことでも、相手を支配しようとする意識がもたらすものです。争いの歴史を見てわかるように、勝ち負けのどちらもしあわせにはなれません。どちらも悲惨なのです。争いの過程で失うものは大きいのです。

争いをしないためには、どうしたらよいかを考えましょう。仕事や暮らしにおいて、争うことがないように心しましょう。

何があっても決して争わない。私たちは争わないための賢い知恵を持たなければいけません。争わない。それは負けることではありません。

競争や争いは、一度行ったら、止めることなく続けなくてはいけないことも知りましょう。

289

一時間と決めて昼寝をしましょう。疲れがとれて、頭もすっきりします。ベッドやふとんでしっかりと眠ります。

290

朝早く起きた日には、仏壇の掃除をしましょう。隅々まできれいにし、新しいお花を活けましょう。

291

心の脱皮をしましょう。何を脱いで、何を新しく装いますか。いつまでも古びた装いは手入れをしましょう。

292

家のいろいろな場所に姿見を置きましょう。通るたびに、姿勢が悪くないかチェックします。

293

よりよい住まいを考えましょう。おしゃれは最新、乗用車は高級であっても、住宅はいかがでしょうか。

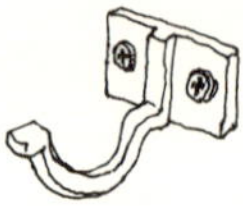

暮らしのある住まい、そして、住まいのある暮らしを築きましょう。

住宅環境は、大なり小なり、善し悪しがありますが、何よりもまずは一番に考え、暮らしを育てていきましょう。おしゃれに気を遣い、とてもよい服を装い、乗用車も高級車に乗りながら、住まいを疎かにしてはいけません。

豊かな暮らしとは、高級な暮らしでもなく、ぜいたくな暮らしでもありません。それは、バランスのとれた調和ある暮らしです。物欲や見栄、流行に流されて、衣食住のバランスを偏らさないようにしましょう。いつも清潔で、きちんと手入れがされ、あらゆる工夫に満ちた住まいに暮らしましょう。

294

悩みや不安、心配事をためこまないようにしましょう。解決できなくても、前向きに希望を持ちましょう。

295

疲れていたり、体調が優れないときは、ゆったりした大きめの服を着て過ごしましょう。からだにぴったりした服は疲れるものです。

296

いらいらするのは自分の心から出ているサインです。きっと何かを我慢していることがあるのです。それを見つけて楽になりましょう。

297

拡大鏡を使って、顔の隅々をよく見てみましょう。見落としがちな肌の調子がよくわかります。場合によっては薬用のクリームなどを処方しましょう。

298

何かをしなければならない、という決めごとは、守れないときにストレスになります。決めごとにせず、あくまでも目標にしましょう。

ものごとの整理や決めごとは大切なことです。しかし、すべてをきっちりと行うことにこだわり過ぎると、万が一できなかったとき、ストレスが心の負担にもなります。

決めごとは、いい加減の心持ちで余裕を持ちましょう。取り組んでもできなかったこと、何かの事情で取り組めなかったことなど、思うままにならないことを、受け入れることも必要です。

一番よくないことは、自分で自分を追いつめていくことです。そうすると、自分自身に嘘をつかざるを得なくなり、それは苦しみになってしまいます。

自分を許す心も時には備えておきましょう。いつも前を向いている自分でありますように。

299

お店で出されたおしぼりで口やテーブルの汚れを拭くのはマナーに反しています。おしぼりはあくまでも最初に手を拭くためのものです。

300

一筆箋を改まった手紙に使うのは避けましょう。一筆箋は親しい友人などに使う私的な便せんです。

301

旅先のホテルで夜間テレビを観るときは、音量に注意します。またおしゃべりや音楽なども隣室の方への迷惑になりますので控えます。

302

悲しいときやつらいときは泣いてもよいのです。我慢せずに思い切り泣きましょう。たくさん泣いたら、泣いた分だけ元気になります。

303

人には、やさしさよりも誠実さを持って接しましょう。ときには厳しくもなる人になりましょう。

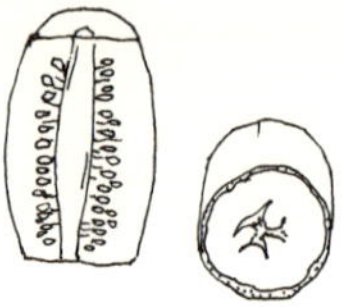

やさしさは大切なことですが、それだけでは人間関係は成り立ちません。やさしく接するには、気を利かせればよいので、ときには簡単なことです。そしてまた、やさしさで本当に大切なことをごまかしてしまうこともあるので気をつけましょう。やさしさと共に必要なのは誠実な心持ちです。誠実とは、対等に向き合い、嘘をつかず、真心を持って対することです。

何があっても決して逃げず、全力を持って尽くすことです。場合によっては、やさしさに反し、厳しい強さも必要です。そして、やさしさだけでは信頼を得ることはできません。誠実さがあって、はじめて互いの信頼が生まれるのです。やさしさと誠実さのバランスが大切なのです。

第五章　すべきことはひとつかふたつ

304

必要だからといって好きではないものを間に合わせで買わないようにしましょう。自分の好きなものはゆっくり集めましょう。

必要だからといって、間に合わせで買ってしまったものは、どうしても愛着が湧かず、家の中で片づかないものになってしまいがちです。買ったからには捨てられないし、愛着もないので手入れもせず、触らなくなってしまうのです。

何か必要になったときは、本当に自分が好きと思えるもの、気に入ったものを選ぶようにしましょう。それが見つからないときは、無理して間に合わせず、少し辛抱してでも、見つかるまで買いません。苦労して見つけた、気に入ったものは、大切にしますし、長く使うことでしょう。

住まいの景色というものは大切です。自分の好きが集まった空間であればよいのですが、嫌いなものがあるのはつらいものです。

305

疲れやすいと思ったら、普段よく履く靴の底を調べてみましょう。ヒールや靴底が減っているかもしれません。まめにチェックして張り替えましょう。

306

銀行口座をひとつにまとめましょう。使わなくなった口座は解約します。複数の口座を管理することは意外と大変です。

307

今日は何が起きてもいらいらしたり怒ったりしません。にこにこ笑って過ごします。

308

やかんでお湯を沸かすとき、強すぎる火力に注意します。強すぎるとやかんを傷めることになりますし、資源の無駄使いにもなります。

309

テーブルリネンの染みはその日のうちに落としましょう。醤油やソースの染みは、石鹸水にしばらく浸してもみ洗いします。

310

歯科医院に行きましょう。虫歯がなくても、歯ぐきを検査してもらいましょう。歯石の除去もしてもらいましょう。

311

携帯電話に登録した電話番号を整理しましょう。増えすぎてしまった個人情報は重荷でしかありません。

312

どうしても元気が出ないときは、思い切って新しい下着を買いに行きましょう。下着は自分だけのぜいたくであり、楽しみです。

313

子どものしつけに必要なのは、清潔にする習慣を身につけさせることです。身の回りをきれいにする習慣は、生まれたときから教えられることのひとつです。

314

出かける前、足に筋肉痛用のクリームを塗っておきましょう。疲れのあらわれる夕方になると、その違いがわかります。

315

常に興味を持つべきことは暮らしそのものです。知りたいことはあきらめずに学びましょう。毎日なにかひとつの発見を。

316

タバコを吸う人は、まわりに迷惑をかけないように気を使いましょう。特に歩きながら吸うのはやめましょう。後ろを歩いている人がいるからです。

317

自分が嫌なことをするときは、なぜしなければいけないのか、よく考えましょう。考えてから、楽しめるように工夫しましょう。

仕事や暮らしにおいて、自分にとって、嫌なことをしなければならないことは少なくありません。そんな時はどうしますか。「嫌だ、嫌だ」と文句を言い続けながら行うのか、不機嫌に過ごすのか、黙って我慢しながら行うのか。どれも自分にとってはよくないことばかりです。

まず考えなければいけないのは、そのものごとについてよく理解することです。行うと決めたのであれば関心を持つことです。そして、嫌々行うのではなく、どうしたら楽しく行えるのかを工夫することです。昔の人は、苦しい作業において、歌を明るく唄いながら行いました。登山で例えるならば、苦しくて駄々をこねても家には帰れません。歩くなら楽しく歩く工夫をします。

318

旅行の際に備えるもので、もっとも大切なのは、何を持っていくかではなく、礼儀正しさとやさしい思いやり、そして健康です。

旅行の支度は楽しいものです。スーツケースやバッグのなかに何を入れていくかと考えるのもわくわくします。しかし、旅行の支度で一番大切なことは、自分の心持ちです。

どこに行っても、礼儀正しくすること。そして、誰に対しても、やさしく思いやること。旅行中に元気であるように健康であること。この三つを忘れてはいけません。

旅行では誰もが非日常を求めてしまうため、どうしてもわがままになりがちです。旅行中に、他人とけんかをしてしまう人は少なくありません。ですから、いつもより意識的に、この三つの約束を守りましょう。

旅行を楽しく過ごすためのコツです。

319

まわりの人の夢や目標に関心を持ちましょう。そしていつもそういう人たちに役立つことを気にしましょう。何かできることがあれば喜んで手伝います。

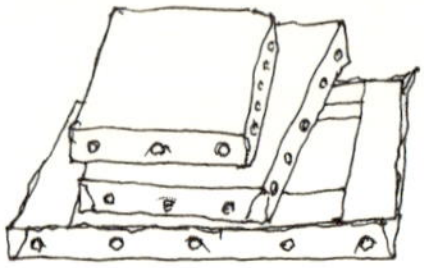

家族や友人、仕事場の仲間など、近しい人はどんな夢を持っているのでしょうか。今、何を目標にしているのかを知っておきましょう。普段、それについて話し合ってみてもよいでしょう。近しい人の夢に関心を持つことはよいことです。

近しい人の夢や目標に、自分が役立つことはないだろうか、何か手助けできることはないだろうかと、常に思うことです。人と人は助け合って生きています。相手に関心を持ち、何かうれしいことがあれば、自分のことのように一緒に喜ぶことが、しあわせなのです。

些細なことでもよいのです。おせっかいと言われても、いつも誰かが自分を思ってくれているというのは、心からうれしいものです。

320

洗った食器を拭くときは、二枚のふきんを重ねて、両手で挟むようにすると、手早くできて便利です。

321

電気コードや電話コードなど、部屋の隅でぐちゃぐちゃになっていませんか。一度全部外してから、きれいに整えましょう。

322

よく晴れた週末に大掃除をしましょう。夏前に大掃除をしておきますと、暮れの大掃除がたいへん楽になります。

323

人のしあわせや成功に嫉妬してはいけません。その人がもっと恵まれるように願いましょう。

324

家中の時計の位置を変えてみましょう。視線が変わって気持ちが新しくなります。時計の数が多かったら、減らしましょう。

325

いらいらしたときは、タオルを口にあてて大きな声を思い切り出してみます。何回かすると心からすっきりします。

326

手紙はできるだけ二枚以上書きましょう。一枚だけの手紙はさみしいものです。改行を多くしたりして工夫しましょう。

327

便器のふたの裏側やすきまなど、普段拭きにくい部分をよく見てみましょう。意外と汚れています。念入りに掃除しましょう。

328

一日にたった十分でもよいので本を読みましょう。そして、一日にたった十分でもよいので、一人で考えることをしましょう。

329

家族であっても、会社であっても、チームであっても、常に感謝の気持ちを伝え合いましょう。絆を支えているのは感謝の心です。

330

災害時に必要なものをチェックしましょう。子どもの着替えなどはサイズが合わなくなっていることがあります。水は人数に応じた三日分を常備します。

331

歯ブラシに食べもののカスが挟まっていないか見てみましょう。ブラシが広がっていたら新しいものに替えましょう。

332

うれしさ、怒り、悲しみ、さみしさなど、一言でよいので心が動いたことをメモしておきましょう。自分を知ることに役立ちますよ。

常にメモ帳とペンを持っていましょう。一日を過ごすなかで、自分の感情や思い、つぶやきなど、どんなことでも気にかけたことを書き記しておきます。人に見せるものではないので、できるだけ正直な言葉を残します。

仕事と暮らしにおいて、自分を知ることはとても大切なことです。しかし、今自分が何を考えていて、何を感じていて、何を思っているのか。また、何が好きで、何が嫌いなのかなど、わかっているつもりでも、なかなかわからないものです。ですから、日々のメモにその断片を書き記すことで、自分を知るためのヒントにしましょう。

どんなことでも、書き記すという習慣はよいことです。

333

疲れていて何もしたくないときでも、掃除と洗濯だけは、毎日がんばってやりましょう。それだけやったら好きなだけ休んでもよいでしょう。

今日は休息日と決めて、のんびり過ごしましょう。しかし、掃除と洗濯だけはがんばりましょう。部屋が汚れたままだったり、洗濯物がたまっていては、それが気になってしまい、かえって気持ちが休まらないものです。朝早く、掃除と洗濯をさっさと済ませてしまい、あとは夜まで何もせず、ごろごろしていたり、好きなだけ自由に休みましょう。

からだと心を休めるときは、中途半端にせず、しっかりと休むことが大切です。疲れて何もしたくない気分のときは、無理をすることなく、素直に休んだほうがよいのです。仕事上手な人は、休み上手でもあります。がんばり過ぎには注意しましょう。

334

枕カバーを洗いましょう。洗いたての枕カバーは気持ちのよいものです。今夜はぐっすりと眠れることでしょう。

335

自分が知らないことや、興味を持ったことやものに出合ったら、何かの紙に書き留めておきましょう。書き留めないと忘れてしまうものです。

336

夕食の支度であまった野菜は捨てずに取っておいて、野菜スープを作っておきましょう。次の日の朝食に助かります。

337

電話機を掃除しましょう。見えないところが汚れています。受話口などはアルコールなどで消毒するとよいでしょう。

338

口がくさくありませんか。うがいをしたり、歯磨きをしても治らないときは、内臓か食生活に原因があります。病院で相談してみましょう。

339

外出するときに、アロマオイルや自分の好みのフレグランスをかばんに入れておきましょう。気分がすぐれないときに香りをかぐと落ち着きます。

340

しつけのルールを夫婦で決めておきましょう。こんなときどうする？　と、いくつかの場合を考えます。叱り、抱きしめ、話し合う、のプロセスを守りましょう。

341

毛布の季節が巡ってきたら、たっぷりと日干しして使う前にブラシをかけましょう。

342

ものごとがうまくいかないときは、考え方を変えてみましょう。それでもうまくいかないときは、さらに考え方を変えてみましょう。

目的地に向かう道順が、決してひとつだけではないように、どんなことでも方法はひとつではありません。うまくいかないときは、その方法を変えてみましょう。いくつかの方法を試してみると、ものごとの本質に近づけます。

方法を変えても、うまくいかないときは、仕事に関係のない社外の人、家族に話を聞くなどして、ちょっと視点を変えてみましょう。役に立つ新しい方法が思いつくでしょう。

このように、仕事と暮らしにおいて大切なのは、常に工夫と試みを丹念に繰り返すことです。繰り返すことによって、見えないことが見えてきて理解が深まるうえに、まずはよく考える、という習慣もつくでしょう。

343

朝、家族を気持ちよく玄関まで送りましょう。お互いに一日中、気持ちよく過ごせます。

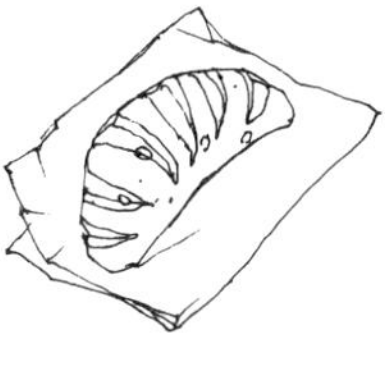

朝は忙しくて、なかなかまわりに気を使うことができないものです。しかし、「行ってらっしゃい」「行ってきます」の挨拶だけは明るく元気よく交わしましょう。気持ちよい挨拶は、それだけで今日一日をすこやかに過ごすことに役立ちます。

上手な挨拶は自分の身を守るよろいとも言われます。そのくらいに挨拶は大切なのです。

どんなときでも自分から先に挨拶をする習慣を身につけましょう。先に挨拶をすることは、コミュニケーションの先手を打つことですから、相手にリードされずに済みます。それだけ自分に余裕が生まれて気持ちが楽になります。

家族間における挨拶は、いつも思っているという愛情を伝える大切なものです。

344

友人関係にお金を介在させないようにしましょう。お金のトラブルで、大切な人を失うのは悲しいことです。

345

自分がどうしても捨てられないものはなんでしょう。それはきっと自分のやりたかったことです。あきらめずにチャレンジしましょう。

346

手をよく洗うことは健康管理の基本です。洗った後によく拭いて、水分を残さないことも大切です。

347

紙袋を無闇にためるのはやめましょう。五つとか数を決めておいて、増やさないようにしましょう。意外と場所をとるものですから。

348

どんな食事でも感謝の気持ちを忘れないように。一粒のお米でも誰かが育ててくれたものです。食べものすべてに人の心がこめられていると知るように。

349

引っ越し先を選ぶときは、必ず朝と夜の近隣の様子を観察してからにしましょう。朝と夜が騒がしいと困ります。できるだけ静かなところを選びましょう。

350

便せんの折り方はいろいろありますが、考えるべきは受け取った人が読みやすいかどうかです。無理に押し込んだりすることはやめましょう。

351

人は心の成長のために生きています。今自分がどうしてもできないこと、弱いところは何かを考えましょう。ひとつひとつ克服して、新しい自分を開拓しましょう。

352

もっとうまいやりかたはないだろうかと考えてみましょう。何かを否定するときも、ノーではなく、相手を思いやる、このような考えで接します。

人との意見の違いや衝突はいつでもありますし、そこからコミュニケーションがはじまるといってもよいでしょう。忘れていけないのは、簡単にノーと言って否定しないことです。

どんなことでも相手には相手の考えがあるものです。しっかり話を聞いて、相手を思いやる気持ちで言葉を選びましょう。もし考えを改めるように促したいのであれば、とことん相手の話を聞きましょう。人は自分の話を聞いてもらえることで、心が安まり、警戒心もなくなります。

そこで、もっとうまい方法はないだろうか、と問いかけてみましょう。人からの意見を押し付けるのではなく、自ら新しい意見を見つけてもらうほうがよいでしょう。

353

自分にひけ目があると思い込まないようにしましょう。そうすれば、誰もあなたのひけ目を感じることはないでしょう。

354

階段はゆっくりと上り下りし、音がうるさくならないように注意します。階段で急ぐと、踏み外してけがをしたりとよいことはありません。

355

早起きをして、暮らしている家やマンションのまわりを掃除しましょう。ちょっとした運動にもなるし、気がつかなかった近隣の様子もわかります。

356

料理をする前に、材料だけでなく、調味料も一緒に揃えておきましょう。手際よく料理ができるでしょう。

357

腹八分目と同じように、毎日の仕事も八分目でやめておきましょう。余裕があれば、いざというときに大きな力を発揮できます。

腹八分目が健康によいというように、仕事も八分目がよいのです。「飢えを知る人は満足も知る」ということからもわかるように、飢えを知らない人は、満足も知りません。

また、仕事においては、いつ何が起きるのかわかりませんので、緊急時の適切な判断ととっさの行動のために力を残しておくことが大切です。自分の欲望をセーブすることは簡単ではありませんが、どんなときでも「自分」という入れ物のキャパシティを残しておかないと、何かあるたびに溢れてしまい、それが習慣になってしまいます。溢れれば掃除をしなくてはならず、余計な仕事が増えてしまいます。お腹がいっぱいだと動きも鈍ります。

358

一年間の光熱費をノートにつけて節約に役立てましょう。もし無駄使いをしてしまっていたら、使い方を改善しましょう。

359

外出時にマスクをしていても、人と話をするときはマスクを外しましょう。風邪を引いているときはなるべく人に会わないように。

360

大人びた考えは捨てましょう。夢や希望について想像力をはためかせましょう。何もかも無理と考える生き方はさみしいものです。

361

明日の準備をしましょう。予定を確認したり、必要なものを揃えておきます。安心して眠れますよ。

362

成功とは、金持ちになったり、高い地位を得ることではありません。いつの瞬間も自分らしくいられることを本当の成功といいます。

成功とはなんでしょうか。目標の達成、思うままになること、うれしいことなど、いろいろと解釈はあるでしょう。

ひとつ言えるのは、ミスを重ねながらも、それを糧にし、自分らしさを貫いて、事を終えることではないでしょうか。そのプロセスにおいて、常に自分らしくいることが成功につながります。お金持ちになったり、高い地位を得ることは、あくまでも物質的なことで、本当の意味での成功とは言えません。

自分らしさとは何か。仕事や暮らしにおいて考え続けることが大切です。自分らしさから離れていくことほど苦しいことはありません。成功とは、自分らしさをかたちにすることです。

363

相手が困りそうな質問をしてしまう自分を改めましょう。いじわるな気持ちが出ているのは、なぜかと考えましょう。

議論の熱が高まると、相手を負かしてやろうという気持ちが湧くときがあります。もしくは、自分の機嫌のよくないときは、相手を見下して、思いやりのない、いじわるな質問を繰り返してしまうこともあるでしょう。そんないじわるな気持ちは、仕事や暮らしにおいて、相手を困らせたり、ときには傷つけてしまうこともあるので、注意しなければいけません。なぜいじわるな気持ちになるのでしょうか。それはそのときの自分に自信がなく、何かの理由で不安な気持ちでいっぱいだからではないでしょうか。相手が困ったり、嫌な思いをしているのを見ることで、自分を忘れることができるのでしょう。そんなときこそ、自分としっかりと向き合うことです。

364

耳の掃除をしましょう。穴のなかだけでなく、耳の裏や、耳全体をこすってみます。見えないところだけに意外と汚れているものです。

365

人と話をするときは、足を組んだり、椅子の背にもたれたりして、楽な姿勢をとるのはやめましょう。失礼で、相手に集中していない態度です。

366

シャワーのノブやレバーの水の勢いのちょうどよい位置に印をつけましょう。水を出し過ぎて無駄にすることがなくなります。

367

安売りの洋服は、買ったときはよくても、洗濯を重ねると長持ちしません。結果、また新しいものを買い続けることになりますから、よく考えましょう。

368
玄関の靴棚の中を、ぞうきんでよく拭きましょう。靴についた汚れなどがたまっています。靴の底もひとつひとつよく拭いておきましょう。

369
四つ葉のクローバーの生えている場所を見つけましょう。よく探してみれば、意外と見つかるものです。必要なときに、必要な数だけいただきましょう。

370
掃除機やテレビの音に注意しましょう。大きいと近隣の迷惑です。また深夜はさらに小さくしましょう。苦情を言いづらい人もいますので、気を使いましょう。

371
今、自分が抱えている「無理」とはなんでしょうか。無理をひとつでも無くすように工夫しましょう。健康とは、無理のない暮らしの結果です。

372

どんなことでもあせってはいけません。じっくりと歩を進めましょう。そして夢や希望を抱き続けることです。

ものごとが進むには、それなりの時間が必要です。どんな事情があってもあせって急いではいけません。ゆっくりゆっくりと歩を進めるように心がけましょう。特に人間関係においては、急ぐことで大切なものを失ってしまいます。

世の中の流れとしては、便利でスピードが早いことが当たり前になり、遅いものには価値がないと思われがちです。しかし、人間には、本来持ち備えた、自然と共存するためのスピード感がありなす。そのスピード感はどのくらいの速さなのかを知りましょう。そして、アクセルの踏み方を学ぶよりも、ブレーキの踏み方を学びましょう。

スピードの出し過ぎに注意です。しっかりと速度を落とす勇気を持ちましょう。

373

ぞうきんを使って床磨きをしましょう。はじからはじまでていねいに時間をかけて磨きます。気持ちよい疲れは、あなたを元気にしてくれます。

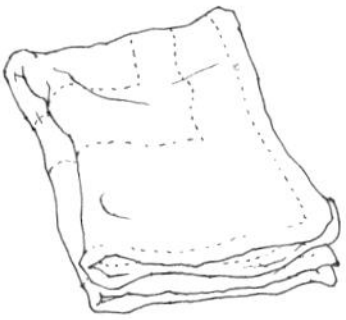

汗をかいて働くことを忘れていませんか。休みの日に、ぞうきんを使って、家中の床を磨いてみましょう。膝をついて床を見てみれば、気がつかなかった汚れや傷みに気がつくでしょう。汚れたぞうきんを、何度も洗っては絞りを繰り返し、床の隅々まで磨いていきます。

床がきれいになることはもちろん、いつしか、自分自身の心を磨いているような気持ちになってきます。疲れたり悩んだりしたとき、自信を失ったとき、いらいらしたとき、いじわるな気持ちになったときなど、汗をかいて床を磨くことで、心まですっきりときれいにすることができます。

無心になって働くことは心地よいものです。

374

暮らしにおいて、変化は必要があって起こるものです。常に変化を受け入れましょう。自分を変える勇気を持つことも大切です。

「変わらないために変わる勇気」という言葉があるように、いつも自分らしくいるためには、様々な変化に順応していくやわらかさを持っていたいものです。変化を受け入れることは、自分を大きく変えることではありません。それは自然なことであると思いましょう。

気をつけたいのは、自分だけのものさしで計ってしまうことです。ものさしとは価値観のことです。どんなことも一度は受け入れて、噛みしめてみる。そうすることで食わず嫌いもなくなり、新しい価値観を学ぶことができます。変化を受け入れることは、新しさを学ぶことでもあります。新しさから遠ざかる暮らしは、豊かとは言えないでしょう。

375

家中にある時計の時間を合わせておきましょう。いつの間にか、少しずつ時間が違っていたりするものです。電池のチェックもします。

376

「孤独と一緒だから、私は一人ではない」という有名な言葉があります。大切なのは、一人でも自分らしくしあわせでいられる人生を送ることです。

377

疲れたときは耳栓をして出かけてみましょう。耳栓で外の雑音を遮断すると、意識が自分に集中して、余計な疲れがなくなります。

378

環境にやさしい洗剤を選びましょう。詰め替えができるものならなお良いでしょう。使う量も気をつけます。

379

旅行の準備は、ベッドの上など、物が広げられる場所で行いましょう。広げておくとバッグやスーツケースにしまう良い順序がわかります。

380

レストランに大きなバッグを持っていくときは、必ずクロークに預けましょう。どうしても手放せないときは荷物を置く椅子を用意してもらいましょう。

381

披露宴でお酒のお酌をするために歩き回るのは、マナーとして避けましょう。お酌はサービス係が務める仕事です。

382

長い間、着ていない洋服を試着してみましょう。サイズが合わない洋服があったら整理しましょう。

第六章　あるく、みる、きく

383

はじめて会った人の名前をすぐに覚えて、会話のなかで名前を言ってあげましょう。名前を覚えてもらえることは、とてもうれしいことです。

384

税金について勉強をしてみましょう。わずかでも余分な納税を抑えられるかもしれません。

385

日曜日の朝は外国の新聞を買ってきて、見出しだけでも読んでみましょう。言葉の勉強にもなりますし、世界を知ることができます。

386

家族や大切な人に、お守りを手作りしてあげましょう。持ち歩きやすいように、小さく作ってあげると喜ばれるでしょう。

387

洋服は量より質と心得ましょう。着ている洋服に自信が持てれば、自分の歩き方や振る舞いにも品性があらわれます。

388

一日に何回かストレッチ体操をしましょう。肘や膝、腕など、内側に曲がるからだの部分をよく伸ばします。

389

靴を脱いだときは必ず靴を揃えましょう。人の靴もあれば、一緒に揃えてあげましょう。

390

ホテルにチェックインしたら、窓からの景色、最初にお湯がきちんと出るか、リネン類が清潔かを確かめましょう。不満があれば部屋を替えてもらいましょう。

391

歌をひとつ覚えておくと旅先で重宝します。人に親切にしていただいたときにお礼に唄うと喜ばれますし、気持ちが伝わります。

自分の好きな歌を覚えておいて、いつでも唄えるように練習しておきましょう。子どもの頃に覚えた童謡でもよいでしょう。

たとえば、海外に旅行に出かけて現地の人に親切にしていただいたときなど、お礼として日本の歌を唄うととても喜ばれます。言葉が通じない相手とちょっとしたコミュニケーションを図るにも、歌を聞かせてあげるとよいでしょう。

また旅行だけでなく、普段の暮らしにおいても、お祝いの席や、感謝の意を伝えたいときに、相手に心をこめて歌を唄ってあげることはプレゼントにもなり、とてもよいことです。

歌は、上手でなくても心をこめることが大切です。恥ずかしがらずに唄いましょう。

392

人との関係で問題が起きたときは、人ではなく起きた問題を見つめ、どうしたらよいかを考えて解決しましょう。

問題が起きたときは、相手を責めてはいけません。人を責めることでは、決して問題の解決にはならないからです。人にはそれぞれの価値観や正しさがありますので、それを否定しても仕方がありません。起きた問題そのものに着目して、その後の対処を考えましょう。

そして、問題の多くは、ものごとに対する愛情不足が原因です。愛情というのは、相手に対する思いやりと敬意、そして物事を丁寧に考える心持ち、先を思う想像力です。ですから、問題が起きたときは、まず自分の愛情不足を省みることです。愛情不足を補うことで、きっと問題が早く収束するでしょう。問題を複雑にしないための知恵のひとつです。

393

新聞を読んで、気になる記事があったら、切り取って箱に貯めておきましょう。あるときまとめて読み直すと、自分が何に関心があるかよくわかります。

394

一度だけでも、畑で働く体験をしてみましょう。畑を耕して汗を流すことは、心身を鍛えることとは何かを学ばせてくれます。

395

女性だけでなく、男性でも化粧水をたっぷりと使いましょう。乾燥肌には、日々の手入れが肝心です。

396

どんなに関係のよくない相手でも挨拶だけはきちんとしましょう。やさしい言葉で声をかけましょう。返事がなくても挨拶を続けましょう。

397

失敗したことは忘れないようにメモしておきましょう。それは自分にとって貯金のようなものになります。成功という利息が生まれます。

398

一日に一度、お茶の時間をとりましょう。暮らしのリズムにもなりますし、おやつの楽しみもはげみになります。

399

なんでもチャレンジしましょう。ハードルが高くても恐がらず、楽しむ気持ちで取り組みましょう。

400

友だちに家の掃除を手伝ってもらいましょう。気がつかなかったところが、とてもきれいになります。次はあなたが友だちの家の掃除を手伝いましょう。

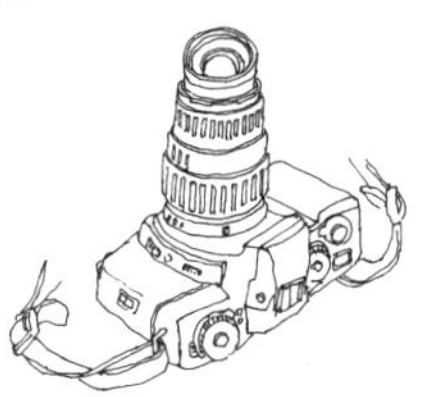

401

耳学問に注意しましょう。学問とは自分の力で学び得るものです。他人から聞いたことは情報であって、学問ではありません。

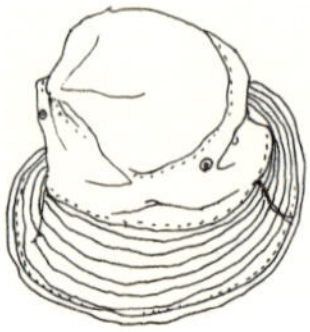

ほんとうの知識とは、自分の目で見て、手で触れ、肌で感じ取り、学び得たものです。人から聞いたり、インターネットで知ったり、本で読んだことを鵜呑みにして、自分の知識とすることに注意しましょう。それらはあくまでも情報とし、知識を得るための手がかりとしましょう。

とはいえ、情報や知識に頼るのはほどほどにしましょう。情報や知識にとらわれると、なんでも情報や知識でジャッジをするのが習慣になってしまいます。ジャッジを続ける暮らしは、心のストレスになります。目の前にあること、起きたこと、知ったことに対して、それは自然の成り行きであり、常に変化しているものとして、情報や知識にこだわらずに受け入れましょう。

402

捨て方を考えてみましょう。今日あなたは何をどんな風に捨てましたか。それは捨ててよいものだったのでしょうか。方法はそれでよかったのでしょうか。

ゴミについて考えてみましょう。正しいゴミの捨て方とは、どんな捨て方でしょうか。自宅では気をつけますが、外では人の迷惑を考えずに捨ててしまっていませんか。自宅でも外でも、ゴミを正しく捨てましょう。

ゴミは私たちの責任で生まれたものです。そして、捨てたゴミの先には、ゴミの処理を仕事にする人がいることを忘れてはいけません。ゴミを処理した後でも、ゴミは無くなることなく、空気や自然に影響を与え、私たちの生活に関係します。

ゴミを正しく捨てることは、特別なことではありません。ゴミの捨て方上手になりましょう。そんなことは関係ないと思わないように気をつけましょう。

403

人からしてもらったことのなかで、一番古い記憶はなんでしょうか。してくれた人は誰でしょうか。その人こそ今あなたが一番感謝するべき人です。

生まれてから今日まで、人から受けた親切や愛情の記憶をたどってみましょう。

ひとつひとつ静かに思い出して、その人の名前と、記憶に残っている出来事を紙に書いていくとよいでしょう。長い年月を一度に思い出すのは簡単ではありませんので、何日かに分けてもよいでしょう。

紙に書くことによって、自分は一人で生きてこなかったことがよくわかります。そして、深い感謝の念が自然と湧いてくるでしょう。一番古い記憶にある人は誰ですか。おそらく両親のどちらかでしょう。その人こそ、あなたが一番感謝すべき人です。感謝の気持ちを、暮らしを通してしっかりと伝えましょう。

404

財布のなかのお札が折れていたら直して、向きがばらばらでしたら揃えましょう。財布が整理されていないときは、自分の暮らしを見つめるときです。

405

年齢を気にして自分のしたいことを制限するのはやめましょう。いくつになっても新しいことは始められるものです。恥ずかしいことはひとつもありません。

406

鍋ややかん、フライパンの手入れをしましょう。料理に役立ってくれた感謝の気持ちをこめて、内も外もしっかり磨きます。

407

どんなことにもタイミングというものがあります。あせらず、機が熟すのを待ちましょう。

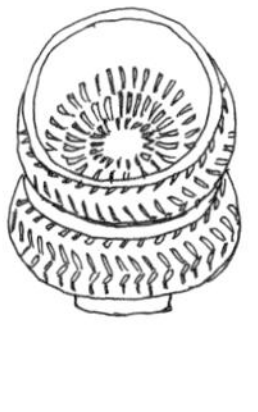

408

天気のよい日に、洋服をしまってあるタンスや引き出しを開けて、空気の入れ換えをしましょう。収納の整理もするとよいでしょう。

409

うがいをしましょう。塩水を使うとよいでしょう。せきが出たときにも塩水のうがいは効き目があります。

410

十五年以上使っている冷蔵庫は買い替えましょう。最新のものはフロンガスを使っていませんから、環境にやさしく節電にもなります。

411

仲の良い人と肩や背中のマッサージをし合いましょう。しかし決して強く押してはいけません。マッサージは、さするようにしたほうが効くものです。

412

人と仲良くなるには、失敗を恐れずに、まずは自分の心を大きく開いてお付き合いしましょう。

413

今、不満に思っていることがあったら紙に書いてみましょう。それは夢や希望につながることとか、じっくりと眺めてみます。つながらないことは消しましょう。

414

車のナンバープレートの汚れを落としましょう。ナンバープレートは家の表札と同じです。はっきり見えるようにしておきましょう。

415

朝起きたら横になったまま、今日一日がすこやかでありますようにと心で祈りましょう。たった十秒の習慣がよい結果をもたらしてくれます。

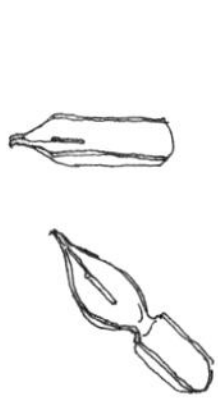

416

力を合わせるとは、人と心を合わせるということです。そのためには、人の心を敬うことが大切です。

人に力を借りたいときは、単に手を借りるのではなく、その人の心も借りることです。

その人の知力や体力だけでなく、心がないと、ほんとうに力を合わせたことにはなりません。

心を合わせるには、強い信頼と、分かち合いの精神、生かし合いと思いやりが必要です。そのためには、どんな人にも普段から敬いの心を持つことが大切です。私たちは一人で何かを果たせることなど少なく、常に人の力を借り、助け合って生きています。ですから、いつも感謝の気持ちを忘れてはいけません。気がつかないところで、必ず誰かが自分に心を合わせてくれているのです。

人と人の心がしっかりと合ったとき、計り知れない力が発揮できるのです。

417

嫌なことやつらいことは思い切って口に出して言ってみましょう。黙って一人で抱えてしまってはいけません。あとは笑って吹き飛ばしましょう。

笑顔は自分のまわりを明るくしてくれます。笑顔は暗い気持ちも吹き飛ばしてくれます。嫌なことやつらいことがあっても、笑顔を忘れてはいけません。笑顔には人を集める力があります。きっと誰かが手を差し伸べてくれるでしょう。

嫌なことやつらいこと、悩んでいることは、一人で抱えこまないで、友人や家族に話してみましょう。問題の解決には至らなくても、誰かに聞いてもらえるだけで、さみしさは和らぎます。

暗く落ち込んだ表情でいると、まわりも暗くしてしまいます。がんばって笑顔を失わずに明るく過ごしましょう。

どんなときでも、人に聞いてもらうには、まずは笑顔が必要です。

418

引き出しのなかの整理をしましょう。いらないものは思い切って捨てましょう。なかのものをすべて外に出してしまうことがコツです。

419

肘や膝がかさかさになっていたら、切ったレモンでこすってみましょう。肌がやわらかくなって、しっとりします。

420

歩いていてゴミが落ちていたら拾いましょう。みんながそうすれば、道はきれいになるし、道にゴミを捨てる人はいなくなるでしょう。

421

手紙を書きましょう。時間をかけて心をこめて書きましょう。あなたの心が相手にきちんと伝わります。手書きの手紙は、心を伝える一番の方法です。

422

親戚や知人の誕生日の一覧表を作りましょう。プレゼントを贈りたいときに役立ちます。職場で作ってもよいでしょう。

423

落ち着かないときのおまじない。少しの塩を手の平に置いて、両手を合わせてこすります。こうして手を清めると、気持ちがすっと落ち着きます。

424

身の回りにあるものを使ったら、もとの場所に戻しておきましょう。部屋が散らかることがぐっと少なくなります。

425

自転車をきれいにしましょう。よく絞ったぞうきんで汚れを拭いた後に、から拭きをします。最後にタイヤの空気の減りを確認しましょう。

426

人から頼まれて何かを引き受けたときは、いつまでと自分から約束をしましょう。相手に催促をさせてしまうのはよくありません。

仕事や暮らしにおいて、人と分担する作業が生じたときは、気持ちよく引き受けると共に、それをいつまでに行うという約束をするようにしましょう。どんなに些細なことでも、いつまでに、という予定を分かち合うことが大切です。

あのときに話し合ったはずだったけれど、その後どうなったのかと、相手に心配をかけないように注意します。今これから行うつもりだった、と言い訳をしがちですが、その事情は相手にはわかりません。

仕事で上司や取引先に何かを頼まれたときは、自分の予定を確かめてから、いつまでに終わらせます、とその場で答えましょう。期日のはっきりしない約束は、ほんとうの約束とはいえません。

427

人と大切な話をするときは、歩きながら話しましょうと誘ってみましょう。歩きながら話すと、深刻な話も楽に話せるものです。

大切な事柄を人と話すときは、静かな場所を選んで、ゆっくりとした時間のなかで話しましょう。しかし、改まって話をするのは、なかなかむつかしいものです。そんなときは、のんびりと散歩をしながら話そうと誘ってみましょう。

ゆっくりとした歩調で歩きながら会話するのは、面と向かっていないせいか、深刻なことや話しにくいこともはっきりと伝えることができます。会話がとぎれても、互いに風景に目を向けられるので、それほど気になりません。

また、歩いていることで頭の働きも活性化するので、会話がスムーズに進むことでしょう。広い公園や川ぞいの道などがおすすめです。話し終わってからの帰りの散歩も清々しいものです。

428

節約も大切ですが、今の収入を増やすための努力やチャレンジも大切です。節約だけでは苦難は乗り越えられません。

不景気ですから、財布の紐もぎゅっと締めざるを得ません。無駄をなくし、節約をしなければいけないでしょう。

節約は、普段の暮らしを見直して、ちょっとした工夫の実践で叶えられます。しかし、節約にも限界があります。心身に負担のかかるような節約はおすすめできません。

節約の実践と共に考えなくてはいけないのは、収入を増やすための努力やチャレンジです。簡単なことではありませんが、節約することと収入を少しでも増やすことというマイナスとプラスの両方の改善をすることが大切です。

節約の実践だけでは暮らしは続けられません。収入の改善で助けましょう。

429

ものごとを損得で判断するのはやめましょう。大切なのは善悪で判断することです。常に正しいことを優先します。

430

適度な運動はよいのですが、やり過ぎないように注意しましょう。筋肉や関節を痛めてしまうと、治るのに時間がかかります。

431

不器用さや口下手を恥じないように。不器用で口下手だからこそ、懸命に努力する姿勢が人に感動を与えるのです。

432

手紙を書く際、できるだけ縦書きにしましょう。日本の文字は、歴史から考えても縦書きのほうが理にかなっています。

433

何事もちょっと後ろに下がって見ることが大切です。そうすれば一度に見える範囲が広がり、バランスの偏りがよくわかります。

近すぎると見えるものも見えませんし、視界は狭くなり、まわりに何があり、何が起きているのかわかりません。

夢中になったり、慌てたときこそ、ものごとに近寄りがちです。冷静になって一歩下がって見てみましょう。どんなこともバランスが大切ですので、そのバランスが偏っていないかを見るには、その全体の大きさが見えるまで下がってみないとわかりません。

壁に飾ってある額縁が曲がっているかどうか、離れて見ないとわからないのと同じです。

ものを見るということは、近づいたり離れたりして見ることの繰り返しです。悩んだり、迷ったときは、特に後ろに下がって見てみましょう。

434

いろいろなことに関心を持ち、自分の主張を持ちましょう。そしてできれば、意見を交わす会話を楽しみましょう。自分の意見を述べる術は、社会人としてとても大切なことです。

豊かな暮らしは、様々なものごとへの探求心、そして、その思索と試みのサイクルによって支えられています。そのサイクルを繰り返すことで自分の意見が熟成され、知識となって蓄積されます。

蓄積された知識はそのままにせず、人との会話の機会に述べることを意識しましょう。人それぞれの違う意見のなかで、自分らしさを失わずに意見を述べ、人と意見を交わし合うことは、からだが適度な運動を必要とするように、頭にとってよい運動になるでしょう。

頭や心のなかに、自分の意見をためこんだままにすることはよくありません。人と意見交換することで、新しい発見や学びもあり、整理もされ、外に出すことですっきりもします。

435

テレビやエアコンのリモコンをきれいにしましょう。電池が古くなっていたら新しいものに替えましょう。

436

うわさを信じて、人を非難したり、笑ったりするのはやめましょう。ほんとうのことを知らずに、知ったつもりになってはいけないのです。

437

ベッドリネンをしまってある引き出しのなかに、香りのよい石鹸を入れておくと、リネンにほのかな香りが移って、眠るときに心地よさを与えてくれます。

438

今日やるべきことが終わらなかったとしても、ときにはこれでもいいんだと思いましょう。

439

ちょっと、少し、これだけというような、小さなことほど誠実になりましょう。

440

雨の日に出かけるときは、なにかと遅れがちになりますので、時間の余裕を考えて行動しましょう。

441

自分の誕生プレゼント用に貯金をしてみましょう。貯まったお金で、誕生日には遠慮なく好きなものを買いましょう。

442

ドアの開け閉め、廊下を歩くとき、椅子に座るとき、ものをとったり置いたりするときは、静かにすることを心がけます。穏やかにやさしく。

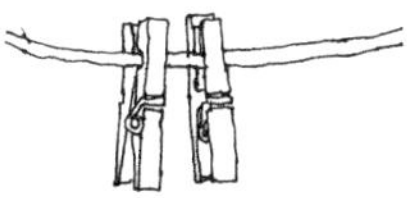

443

道に迷うということは、道を知らないために起こることです。迷ったときは「努力」よりも「知る」ことが大切です。

誰しも道には迷うものです。道に迷うということは、前進し成長している証拠です。はじめての道ですから知らないことがあり、迷ってしまうのは仕方がないことです。

そんなときは、あせってがんばり過ぎないようにしましょう。冷静になって、今、自分がどこにいるのか、どんな状態なのか、そして、その道は目的地まで遠いのか近いのか、どんな道なのかを知ることが大切です。必要なことを知ることで安心もしますし、予定も立つでしょう。迷ったときは、無理して歩を進めず、一度立ち止まってみることです。立ち止まらずに進むと、さらに深く道に迷い込み、戻るに戻れなくなります。迷ったときは、自分を過信せず、情報収集が先決です。

444

入浴時におなかのマッサージを時間をかけてしてみましょう。おなかをいつもやわらかくしておくことは、健康のために大切です。

445

人から頼まれた用事を引き受けたら今すぐやりましょう。きっと喜ばれます。今すぐできないときは、いつできるか答えましょう。

446

引き出しのなかや棚などは、余分のスペースを確保しておきましょう。いっぱいにしないように注意すれば、常に整理された状態を保てます。

447

何ができるのだろうか、と自分自身の可能性に好奇心を向けてみましょう。夢に一歩近づきますよ。

448

寝るときに、わが家の先祖に感謝をしましょう。今日一日を無事に過ごせたこと、今の自分が生きていることに「ありがとうございます」と想います。

どんなに疲れていても、一日の終わりに感謝の挨拶をしましょう。今日一日いろいろあったけれども、こうして無事に床につけること、そして、また明日もよろしくお願いします、と自分の家族や友人、職場の方々、そしてご先祖様に手を合わせます。

今の自分がいるのは、まずは両親とご先祖様のおかげです。いつでも感謝の気持ちを伝えましょう。大切なのは、どんな一日であっても、その終わりには感謝をし、明日という新しい一日を迎えることです。つらいことや苦しいことは自分の学びになりますし、うれしいことも人と分かち合う学びがあります。一日いちにちのどんなことも、前向きの考えで受け入れて感謝します。

449

人に受け入れられないということは、前例がなかったり、唯一の存在であるからです。決して臆する必要はありません。

新しいチャレンジやアイデアに勇気を持ちましょう。人に受け入れられないということは、その事柄が前例のないことであり、似たものもなく、とても新しいということです。あきらめることなく、さらに相手の立場に立ったうえで、ていねいな説明を繰り返しましょう。

新しさには変化がつきものです。たいていの人は変化を嫌い、変化を望みません。新しいことへのリスクにも敏感でしょう。そのため、変化に対する警戒心を解くための考慮と、リスクに対する対応も準備しましょう。

新しいことは必ず反対されるものだと考えて、それこそくわしく説明する絶好のチャンスと思いましょう。

450

人とわかり合えると過剰に期待するのは控えましょう。人とわかり合えないからこそ、わたしたちはコミュニケーションという行為で伝えようとするのです。

どうして自分の考えや思いをわかってもらえないのだろう、どうして自分の言うことを聞いてもらえないのだろうという悩みは多いものです。

そもそも人とわかり合えることなどは、とても少ないものです。人それぞれ価値観や経験の違いがありますから、自分の何かをわかってもらいたいというのは、ひとつのわがままにもなります。大切なのは互いに相手を受け入れるということです。それは理解というよりも、その思いや考えを否定せず、尊重することです。

自分がしてもらいたいことを相手にしてあげましょう。無理にわかろうとせず、尊重しましょう。尊重し合うコミュニケーションからは、信頼という深いつながりが育ちます。

451

ベッドカバーの色を季節に合わせて変えてみましょう。夏は麻、冬はウールなど、素材を変えるのもおすすめです。

452

どんなに失敗しても挽回はできるものです。そして失敗は目に見えない宝石も授けてくれます。チャレンジにマイナスはありません。

453

人の家に訪問した際に、コートは玄関のベルを鳴らす前に脱いで、腕にかけておきましょう。靴はまっすぐに脱いであがり、振り向いて靴の向きを直します。

454

捨て上手になりましょう。どうしようかと迷ったら捨てましょう。物が少ない暮らしは、工夫や知恵が身につきます。

455

ものを大切にするとは、ものであっても自分の愛情を伝えることです。生きているものとして扱うと、ものも見え方で自分に愛情を伝えてきます。

コミュニケーションの目的が愛情を伝えることであるならば、身の回りのものに対しても、常に愛情を伝えるべく扱いをしたいものです。

ものは生き物ではありませんが、私たちの暮らしを助けてくれる友だちのような存在です。ですから、単なるものと思わずに友だちとして接しましょう。自分がされて嫌なことはしないように。そうすれば、ものはいつまでも私たちの暮らしに役立ってくれるでしょう。

ものが壊れてしまったことを思い出すと、たいがいは使う側の愛情が欠けていたように思います。ものであっても、友だちのように思いやることで、さらに仲良くなり、そのもののよさも発見でき、美しい暮らしを支えてくれるでしょう。

456

コンセントに差しているプラグにほこりがたまっていないか確認しましょう。たまっていたら、乾いた布で拭きます。放っておくと火事になることがあります。

457

トイレに入ったら毎回どこかを掃除しましょう。ひと拭きでもよいのです。いつもきれいなトイレは気持ちよいものです。

458

気に入ったブローチは、ピンのところに紐やチェーンを工夫してつけて、首から下げるペンダントにしてみましょう。どんな服にも合うようになります。

459

自分の暮らしのヒントを集めてみましょう。思いついたり、学んだときにメモします。元気のないとき、そのどれかひとつが、元気を与えてくれるでしょう。

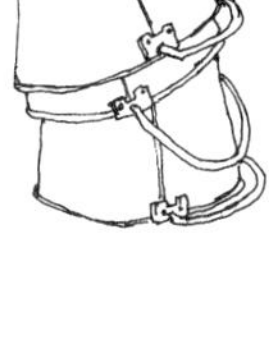

あとがきにかえて

――末盛千枝子さんと語る
暮らしと仕事において大切なこと

松浦　今日は末盛さんのご著書『人生に大切なことはすべて絵本から教わった』(現代企画室)をふまえ、暮らしと仕事において大切なことをテーマにお話を聞かせていただきたいと思います。

はじめに、末盛さんは、アメリカ・バーモント州の広大な庭で四季折々の花を育て、自給自足で暮らした絵本作家、ターシャ・テューダーさんに会いに行かれたそうですが、ターシャさんの暮らしから感じたことは何でしたか。

末盛　強く感じたことは、人間にとって必要なことはそう多くはないということでした。私たちは、日ごろから多くのことについて「これがなければ生きていけない」と思っていますが、ターシャさんの暮らしを見て、生活に必要なものは本当に少しなんだと再確認しました。例えば、朝食には果物をいただいたのですが、食卓に庭から採った果物が出てくるのではなく、庭を散歩しながらベリーなどを採って「はい」とくれたのです。はじめは驚いて「これだけ？」なんて思ったのですが、決して貧しさはなく、人はそれで足りるのですね。ターシャ・テューダーという人は、時代に先駆けて、物質社会に警鐘を鳴らした人だったと思います。

それに、自然に囲まれていると、夜の闇がどれほど暗く、また、この地上は人間だけの世界ではないということを強く感じるのです。何も音がしないのではなく、森の動物たちの声や風の音が聞こえたりして。

松浦　僕もときどき山に行ったりしますが、自然の中に入ると自分はなんてちっぽけな存在なのかと気づかされます。そうすると、何が必要で何が不必要なのか、嫌でも考えるようになります。都会には便利なものが沢山あり、いつでもどうにかなることも、山の上ではどうにもならない。人間とは基本的に無力であるということを知りました。

ですから、あれこれ人は工夫するのですが、ご著書の中に、M・B・ゴフスタインさんが自宅の郵便ポストをひと月に一度しか開けない、というエピソードがありました。素晴らしいアイデアだと思いました。今でいうと携帯電話を持たないといったことに近いかもしれませんが、自分らしさとか、自分の生活を守るための方法なのでしょうね。これぞ暮らしの工夫だと思いました。

末盛　その話にはこんな続きがあるんですよ。ポストをひと月に一度しか開けないから、開けたときに印税の小切手が入っていた。ゴフスタインさんはその小切手を見て、「ああ、私の本は売れている!」と知ったというのです。いい話ですね。

松浦　ゴフスタインさんの書くお話はとてもシンプルなストーリーですが、それらはきっと彼女の生活の中から生まれているのでしょうね。

末盛　そうだと思います。私は、彼女の、人の仕事を見る視点が素晴らしいといつも感心します。『人形づくり』や『ピアノ調律師』といった、ひっそりとした裏方の仕事へのまなざし。本当に素敵な方だと思います。

松浦　末盛さんを通して知った絵本作家の方々は皆、控えめな印象があります。強く主張するというよりも内に秘めているというか。ゴフスタインさんの絵本は、大人が読んでも、忘れてしまったことを思い出させられる素晴らしい本でした。これらの本は、自分の暮らしの中でお守りのように置いてある本になっています。

　ところで、僕が末盛さんのご著書ですごく感激したのは、絵本はハッピーエンドでなくてもいい、ものごとはすべてがハッピーエンドのはずがない、ということでした。僕はこの一節に、何かとても安心させられました。

末盛　もしこの世の中に幸せなことしかなかったとしたら、人間の社会はとてもくだらなく、浅はかなものだったと思うのです。不幸や悲しみそのものは、もちろん喜ばしいこととは言えませんが、不幸や悲しみをどうやって乗り越え、また受け入れようとするかといった人間の在り方が素晴らしいと思うのです。

松浦　夢と希望ですよね。

末盛　そうです。すべてそうだと思うのですが、人は、自分たちがどうやって受け止めていいか分からないことを、文学や芸術といった形で表現してきたのではないでしょうか。そう思うと納得することが多くあります。例えば『美女と野獣』という有名なお話がありますが、きっとどこかのお城で本当に醜く生まれた王子様がいたと思うのです。その事態をどう受け入れ、あるいはどう王子様をなぐさめたらいいかを考えた人が、ああいう話を思いついたのではないかと。ですから、必ずしもすべてが「めでたし、めでたし」ではなく、いったんハッピーエンドになっても、また次に旅立っていくということではないでしょうか。私は「子どもが読むお話はハッピーエンドでいい」とか、子どもにはまだ分からなくていいというのは子どもに失礼だと思っています。

松浦　ハッピーなことと、アンハッピーなことの両方があり、そのどちらもが我々にとって希望になりますね。

末盛　ええ。とても大変なことを乗り越えたときの幸せというのは、何ものにもかえがたいと思います。

松浦　末盛さんの考える幸せな暮らしとはどんなものですか。

末盛　そうですね……。先日、引っ越しをしたのですが、その大騒動の最中に息子のお嫁さんが、捨てようとしていた籐の椅子を庭に持って来て「千枝子さん、珈琲入りましたよ」と準備をしてくれたのです。そうして珈琲を飲んだとき、ああ、本当に幸せな瞬間だなと思いました。ありとあらゆる引っ越しの苦労が価値のないことではなく、この一瞬のためだけにあったと。スヌーピーで有名なチャールズ・シュルツの描いた本『Happiness is warm puppy』を思い出しました。

松浦　僕も大好きです。彼の描く「幸せとは、枯葉の上を歩くこと」とか。とてもいいですよね。

末盛　そうそう。「幸せとは、夜寝るとき、部屋に小さなランプがついていること」とかね。幸せというのは案外、とるに足らないものですね。とるに足らないそうしたことを幸せだと思える、そのことが幸せだと思います。

松浦　家族においては、末盛さんは何が大切だと思われますか。

末盛　それは私もずいぶん考えてきたことです。例えば、子どもが何か悪いことをしてしまったとして、親に説明をするときに、子どもが嘘をつかなくてはならないところまで親が追い詰めてはいけないということでしょうか。それと、よその子たちと比べないこと。兄弟でもです。それぞれの子どもの持ち味が大切じゃないかと思うのです。とはいえ、家族の中で兄弟は、親が比べないようにしても、子どもたち自身が比べてしまったりしますよね。だから難しいのですけど。大人が気をつけるべきことだと思います。

松浦　僕もそう思います。思いやりとか優しさが必要ですよね。それに、大人はその子に逃げ場所を残してあげなくちゃいけない。

末盛　あと逃げる時間とね。その子がその問題を咀嚼する時間というか、そういうものを残してあげないと。

松浦　末盛さんはお父様が彫刻家でいらっしゃいましたが、子どもの目線からはどうご家族やご両親を見ていましたか。

末盛　精神的にも経済的にも大変ですから、芸術家と結婚するはめにだけはなりたくないと思っていました。父のことは、それでいいとは思っていましたが、私としてはもう少し気楽に生きたいという気持ちがありましたね。

松浦　お父様は厳しい方だったのですか。

末盛　ええ。子どもたちにも自分にも厳しい人でした。どのようなことを美しいと思うか、どのようなことを嫌だと思うかということを、とても厳しく言われました。その頃は父の思いが分からず、自分はもっと気楽に生きたいと思っていましたが、父は父で、彫刻だけで家族を支えていこうとしていたのですから、かなり背水の陣だったわけです。それなのに子どもたちがそれぞれ好き放題し、不協和音を放っているようでは家族はやっていかれない。だから父は私たち姉弟に厳しく言ってきかせたのだろうと、今になって思います。

松浦　一方、家族がいてもやっぱり自分は一人の人間ということもありますよね。僕は以前、ご著書にも出てくるアン・モロウ・リンドバーグの『海からの贈り物』を読んで「孤独が人間の条件」という一節に、少し気が楽になりました。ある一定の、四十代くらいになったときに自分一人になってみることは、自分らしさを取り戻すために大事だと思います。末盛さんは毎日多忙な生活をしていらっしゃると思いますが、一人になる時間はありますか。

末盛　なかなか難しいのですが、自分の好きな音楽をかけて、考えごとをしていたりとか、そういう時間はとても幸せですよね。

松浦　僕は一日の中で、ちょっとでもいいから考える時間があるといいなと思っています。何か考えごとをしようとすると、つい何かをしながらになりがちですが、そうではなくて、考える時間を作るといいと思うのです。それから、どう毎日を楽しむかということです。末盛さんはお会いするたびいつも楽しそうにしていらして、笑顔がたえない。素晴らしいです。

末盛　ありがとうございます。私は、大学生のときにナット・キング・コールという人の『プリテンド』という歌がすごく好きで、自分のテーマソングにしていたんです。悲しいことがあっても悲しくないフリをしなさいという内容で、悲しくないフリをしていれば、去っていった彼女も戻ってくるかもしれないといった他愛も無いラブソングですけど。だって、悲しいからって悲しい顔をして人に会いに行ってもしょうがないじゃないですか。

松浦　人それぞれ、その時々で機嫌が良かったり悪かったりするけど、仕事は基本的には大変なことですから、どうせだったら楽しくやったほうがいいです。

末盛　そうそう、とても重要なことですね。

松浦　楽しくするにはどうしたらいいか考え、工夫する。好きな音楽を聞くでもいいし、踊るでもいい。そういうことが大事だと思います。それから僕はいつも思うのですけど、「ああなりたい」とか「こうしよう」とか思っていても、予測しないことがいつも起こりますよね。いいことも悪いことも含めて。僕なんかもいつだって全く思うままにいかなくて、その代わりいろんなことが起こります。だから、ああ、先のことまでいろいろ考える必要はないんだな、と思います。それに、予定通りにいかない楽しさってありますしね。

末盛　ええ、ありますね。むしろそういうことだらけです。でも、理屈で考えたら絶望するしかない状況なのに、突然ぱっと扉が開けるときがあるから不思議です。そして開けたほうに行ってみたらどんどん広がるということがある。自分の考えだけで自分を追い詰めてはもったいないことになります。

松浦　誤解を恐れずに言えば、あんまり賢くなりすぎないということでしょうか。頭の中であれこれ組み立てて考えすぎるから、上手くいかないときに悩んだり落ち込んだりするのです。賢くなりすぎずにその時々の状況に自分が柔らかく対応するというのが大切だと思います。

末盛　それと、大変なのは自分だけではないということをもう一度考えることですね。他人からはとても恵まれた状況に見えても、実はその人には大変な苦労があったということはいくらでもありますから。大変なのは自分だけではない、ということを考えるうえでは、子どもの本の役割は大きいんじゃないかと思いますが。

松浦　きちんと向き合うというか、逃げてはだめですよね。

末盛　そうですね。ただ、逃げてはだめだけど、焦ってそれを解決しようとか見極めようとしても危険じゃないかとは思います。

松浦　人間関係は特に、急いではいけないと言います。

末盛　仕事などでどうしてもうまくいかない人間関係もありますが、そういうときには自分を少しいたわってあげてもいいと思いますね。

松浦　人間関係といえば、大人でも子どもでもコミュニケーションで悩む人はたくさんいますが、末盛さんがこれまでの経験の中で体得してきたことはありますか。

末盛　そうですね、コミュニケーションは、自分はどのようなことを良しとするかということと関わりがあると思いますね。これだけは譲れないというこだわりが誰にもありますが、それはそれだけ深く、その人自身が関わっているということですから大切にする必要がありますね。そして、人の話をよく聞くことさえできれば、コミュニケーションはかなりうまくいくと思います。自分が話すというよりも、相手の話をよく聞くこと。そうすれば自分からも話をすることができるし、自分のことも分かってもらえますね。

松浦　案外難しいことですよね。自分が言いたくて仕方がないということが多いから。

末盛　誰かが言っていましたが、お互いが向かい合うのではなく、同じ方向を見て話をすればかなりコミュニケーションはうまくいくそうです。

松浦　なるほど。それと僕は、素直さも大事だと思います。

末盛　はい。人はどうして素直になれないかというと、それほど自分にとって大切なことじゃないのに絶対に手放すまいとするからではないでしょうか。これだけは自分のものと思っていることがあっても、もう片方はそれほど大切ではないのに、全部自分のものにして絶対譲るまいとすると、やっぱり人間関係は難しくなりますよ。

松浦　その通りだと思います。最後に、末盛さんはこれから何かやってみたいと思っていることはありますか。

末盛　これまでと同様、本を通して何かを発信していきたいということではありません。それから、先日、引っ越しをした先のお隣のお百姓さんから「僕が教えますから少し畑をやってみませんか」と言われました。楽しそうですし、できるところからやってみようなんて思っています。

末盛千枝子（すえもり・ちえこ）
1941年、彫刻家の父・舟越保武と母・道子の長女として東京に生まれる。高村光太郎が千枝子と名づける。大学卒業後、絵本の出版社に入社。1988年、「株式会社すえもりブックス」を設立。以後、まど・みちおの詩を皇后美智子様が選・英訳された『どうぶつたち・THE ANIMALS』と『ふしぎなポケット・THE MAGIC POCKET』、舟越桂の『おもちゃのいいわけ』等、国内外の絵本等を数多く出版。

暮らしのヒント集2

平成二十二年九月十七日　初版第一刷発行
平成二十四年六月　三　日　第四刷

著　者　松浦弥太郎
発行者　阪東宗文
発行所　暮しの手帖社　東京都新宿区北新宿一ノ三五ノ二〇
電　話　〇三－五三三八－六〇一一
印刷所　凸版印刷株式会社

落丁・乱丁がありましたらお取り替えいたします
定価はカバーに表示してあります

ISBN978-4-7660-0166-2 C0095